16 상담 및 심리치료 이론 시리즈

이야기치료

이선혜 저

Theories of Counseling
and Psychotherapy

학지사

머리말

이 책이 학지사의 '상담 및 심리치료 이론 시리즈' 기획에 초대되어 매우 기쁘게 생각한다. 이 책은 빠른 속도로 구성되고 재구성되는 삶의 현실과 그 속에서 생성되는 다양한 어려움 앞에서, 동시대를 살아가는 동료 인간으로서 내담자를 보다 효과적으로 지원하기 위한 방법을 고민하는 상담자의 여정에 함께하기 위해 만들어졌다.

이 책의 가장 큰 특징은 포스트모더니즘과 포스트구조주의 패러다임에 기초한 상담을 모더니즘 패러다임의 사고방식과 언어로 설명한 것이다. 이야기치료에 익숙한 이들은 이 텍스트가 기존 상담의 언어와 표현으로 구성된 점에 대해, 이야기치료 외의 상담접근에 익숙한 이들은 기존 상담에서 당연시되는 전제와 절차를 당연시하지 않는 이야기치료에 대해 낯설게 느낄 수 있다. 결과적으로 이 책은 두 가지 패러다임의 경계선 위에서 독자들의 호응이라는 아슬아슬한 줄타기를 하고 있는 셈이다.

이 책에는 여러 해 동안 이야기치료를 연구하고 실천하며 강의실과 현장에서 교육하고 훈련하는 과정을 통해 축적된 저자의 지혜가 녹아 있다. 그러나 이야기치료를 효과적으로 전달하는 데 필요한 배경 지식은 방대한 반면, 저자의 그릇은 그 방대함을 담아내는 데 충분하지 못하기에 이 책은 여러 곳에 빈 공간이 존재함에도 현재 모습으로 나오게 되었다.

보기에 따라서는 여기에 소개된 이야기치료가 White와 Epston의 창의성과 유연성을 훼손했다고 말할 수 있겠으나, 상담 서적을 우리 주위에 존재하는 수많은 사회적 구성물 가운데 하나라 한다면 이 책 또한 이야기치료를 설명하는 다양한 텍스트 가운데 하나로서 존재할 수 있는 것이 아닐까 생각해 본다.

White는 그의 유작 『이야기치료의 지도(Maps of Narrative Practice)』에서 자신의 상담 지도는 가능한 지도들 가운데 일부일 뿐 궁극적으로 상담자는 각자 자기만의 지도를 개발해야 한다고 독려하였다. 하여 자신만의 이야기치료 지도를 개발하는 여정에 오르고자 준비하는 상담자에게 이 책이 부족하나마 유용한 가이드가 되기를 바란다.

이 책이 구성되기까지는 내러티브라는 상담의 언어를 알게 해준 White와 Epston 그리고 세계 각지에서 이 언어를 공유하며 누군가의 인생에 영감을 불어넣는 작업에 헌신하는 이야기치료 공동체가 있었다. 또한 이야기치료를 실천하고 가르치며 살아가는 여정에 사랑하는 가족들을 비롯하여 많은 동료, 학생, 현장 전문가와 함께 엮은 다양한 이야기가 있었다. 이 모든 사람과의 인연을 소중하게 생각한다. 거기서 맺히고 익은 열매가 이 책을 기획하는 토대가 되어 주었고, 또한 저자가 계속해서 개인적, 전문적 성장의 내러티브를 발달시켜 나가는 원동력이 되기 때문이다.

지면의 제한으로 여기서 다루지 못하는 심화된 내용들은 다른 이야기치료의 주제들과 함께 별도의 확장판으로 출간될 예정이다. 원고를 이렇게 두 가지로 정리하기까지 쉽지 않은 과정이 있었고, 또 지금과 같은 모양으로 나오기까지도 그에 못지않은 시간과 노력이 들었다. 집필과 교정의 과정을 저자와 함께해 주신 학지사에 감사드린다.

2020년 8월
이선혜

차례

1장
이야기치료의 정체성

1. 심리상담 패러다임의 변천

이야기치료는 어떤 성격의 심리상담 모델인가? 심리상담은 인간이 삶의 현장에서 마주하는 다양한 경험, 그중에서도 특히 사고, 정서, 행동상의 특성으로 인해 발생하는 대인관계나 사회적응의 어려움을 해소하거나 경감하는 데 궁극적 목적을 둔다. 이를 위해 상담자는 먼저 어려움의 발생과 경과에 대해 이해하는 노력을 기울이게 되는데, 이 과정을 보다 효과적이고 효율적으로 수행하기 위해 하나의 가이드로써 모델을 활용한다.

모든 심리상담 모델은 인간이 어려움에 봉착하는 이유와 과정을 설명하고 그 해법을 제시하고 있으며, 그러한 설명 뒤에는 대개 나름의 철학적 근거가 있게 마련이다. 인간이란 어떤 존재이고 인간 삶과 삶의 어려움은 어떤 것인지와 관련하여 나름의 전제를 갖고 있는데, 그 전제들은 명시적으로 표방된 경우도 있으나 암묵적으로 내재된 경우도 적지 않다.

심리상담 모델은 지난 100년간 진화와 발전을 거듭하여 현재 인터넷을 통해 검색되는 수가 400여 개에 이르는데, 이를 어떤 움직임이나 흐름의 차원에서 바라볼 때 크게 다섯 가지로 분류된다 (Fleuridas & Krafcik, 2019). 처음 세 가지 물결은 정신역동, 행동주의, 인본주의-실존주의로, 시간적으로 볼 때 상대적으로 오래된 것들이다. 한편, 최근의 두 가지 물결은 1980년대 이후 신자유주의, 세계화 등의 정치경제적 변화와 포스트모더니즘, 페미니즘 등의 사회문화적 움직임으로 대변되는 시대정신 속에서 확산된 여러 접근을 포함한다.

처음의 세 가지 물결에 포함되는 많은 심리상담 모델들이 20세기에 만들어진 심리학 관련 이론들에 토대를 두고 있다. 성격이나 발달에 관한 다양한 이론들을 활용하여 개인의 어려움을 설명하고 해결 방안을 제안한다. 특히 개인의 사고, 정서, 행동 발달 면에서 규범적, 기능적 성과를 촉진하는 데 관심을 둔다.

각 물결은 현상을 설명하는 방식에 있어 서로 다른 전제를 갖고 있기 때문에 다른 범주로 구분되기도 하나, 구조주의와 모더니즘 시각에서 접근한다는 공통점을 갖고 있다. 그러한 접근의 이면에는 현상을 실재로 인식하는 절대론적 세계관이 존재하고 있다. 상담자는 그것을 인지하거나 그러하지 못한 상태에서, 내담자 문제를 객관적 실재로 간주하고 현상의 기저에 존재하는 핵심 문제를 교정하고자 한다. 그런 의미에서 이들 모델은 현대 심리학 속에서

제1의 물결: 정신역동

제2의 물결: 행동주의

제3의 물결: 인본주의-실존주의

제4의 물결: 초월심리, 가족체계, 페미니즘, 다문화, 생태심리, 사회구
성주의, 포스트모더니즘

제5의 물결: 사회정의, 옹호

출처: Fleuridas & Krafcik (2019).

나고 자란 20세기 사회문화적 산물로서, 시대가 추구하는 인간의
성장, 발달, 변화의 담론을 직간접적으로 반영하고 있다.

이와 대조적으로, 제4와 제5의 물결에 속하는 모델들은 포스트
모더니즘 및 포스트구조주의와 관련 있는 다양한 인문사회과학
이론의 영향을 받아 발달했으며 그 배경에는 상대론적 세계관이
존재한다. 내담자 문제의 발생과 경과에는 기본적으로 특정 가치
와 규범을 절대시하는 사회문화적인 맥락이 존재한다는 입장이
고, 따라서 문제 해결을 추구하는 과정이나 지향점 또한 그 절대
성에 의문을 제기하고 변화를 요구하는 등 기존에 사실 또는 진실
로 간주되던 이론이나 지식에 대한 도전을 내포하게 된다.

2. 이야기치료의 좌표

이야기치료는 제4와 제5의 물결에 해당하는 심리상담 및 지역 사회 운동 모델로, 20세기 후반 이후 문학, 철학, 인류학, 언어학, 역사학, 사회학 등 인문사회과학 분야에서 큰 주목을 받아 온 다양한 사상, 이론, 연구방법을 임상현장에 적용하는 과정에서 개발된 모델이다. 때문에 인간 삶이나 거기서 발생하는 어려움을 바라보는 데 있어 기존 심리상담 모델과 구별되는 전제와 시각을 갖고 있다. 내담자의 '문제' 자체보다 '문제'의 맥락에 주목하여, 문제적 맥락과의 관계 수정을 통해 내담자 현실을 재구성하고자 한다.

이렇듯 전자와 후자 물결에 속하는 모델들 사이에는 인간 존재와 현실에 대한 인식론적 차이가 존재한다. 나아가 이러한 차이는 내담자의 문제와 상황을 정의하는 단계부터 변화를 위한 접근을 수행하고 평가하는 단계에 이르기까지의 전 과정에 걸친 실천 방식의 차이로 이어진다. 그런 의미에서 상담자가 특정 심리상담 모델을 적용한다는 것은 그 모델이 제시하는 이론과 기법은 물론 그것이 전제하는 인간관과 세계관까지 총체적으로 동원하는 것임을 의미한다.

이야기치료 모델을 따르고자 하는 상담자는 심리학 렌즈보다 주로 인문사회과학에서 유래한 이론들의 렌즈를 통해 내담자가 처한 상황을 바라보고 내담자가 선호하는 변화를 현실 속에 구현해 내는 과정을 지원하게 된다. 이야기치료를 관통하는 핵심은 '문제가 되는 것은 문제이지 사람이 아니다(Problem is the problem, not the person).'라는 원칙이다. 이 원칙이 표방하는 것은, 사람을 문제시하는 관행은 문제를 개인 내면에 존재하는 자기(self)의 역기능에서 비롯되는 것으로 바라보는 실천 방식에 기인한다는 것이다. 문제는 오히려 개인의 특징(성, 인종, 성격특성, 장애, 정신적 상태 등)을 범주화하고 판단하는 사회적 담론에서 비롯되는 것이기 때문에, 문제가 그 사람의 정체성(사람됨)과 동일시될 수 없다고 본다.

이에 따라 이야기치료로 접근하는 상담자는 내담자로 하여금 선호하는 자기 모습과 자기 삶의 모습을 주변의 지지자들과 함께 지속적으로 만들어 가고 발전시키도록 지원하는 데 역점을 둔다. 전통적 모델에 익숙한 상담자에게는 이러한 접근이 마치 다른 종류의 렌즈를 착용하는, 그것에 익숙해지기까지는 얼마간의 시간을 요하는 낯선 경험이 될 수 있다(이선혜, 2009). 그러나 중장기적으로 볼 때, 다른 종류의 렌즈를 편안하게 착용할 수 있다는 것은 대안 창출의 가능성을 높이고 그럼으로써 실천 주체로서 상담자의 역량이 성장하는 것임을 의미하는 것이다.

3. 이야기치료의 유용성

세기말을 기점으로 서구의 휴먼서비스가 교정에 초점을 두는 치료(treatment) 패러다임에서 성장과 힐링에 초점을 두는 웰니

스(wellness) 패러다임으로 그 축이 크게 이동하고 있다(Travis & Callander, 1990). 인간의 행위 자체보다 존재로서의 인간에 대한 관심이, 문제를 극복의 대상에서 의식의 대상이고 배움의 원천이며 가능성으로 이동하라는 신호로 바라보는 시각이 주목을 받고 있다. 이러한 관점의 부상과 확산은 포스트모더니즘 및 포스트구조주의와 관련이 있으며, 최근 긍정심리학 문헌에서 발견되는 번영(flourishing)이란 개념도 이러한 맥락을 배경으로 한다(McKeen, 2011).

이야기치료는 이러한 시대정신과 보다 긴밀한 관계 속에서 발달한 접근으로, 포스트모더니즘 및 포스트구조주의로 분류되는 다양한 사상과 개념을 임상현장에 직접 구현하고자 하는 접근이다. 이야기치료는 특히 증상 완화를 추구하면서도 번영(flourishing)을 촉진하는 데 관심 있는 상담자들에게 유용한 심리상담접근이다. 이야기치료의 다양한 대화기법들은 내담자가 어떤 증상을 얼마나 보이는지와 별개로, 내담자가 자기 문제나 상황과 보다 주체적으로 상호작용해 나가도록 지원하는 데 유용한 개입 지침을 제공해 준다.

4. 이야기치료의 명칭

이 모델을 개발한 Michael White와 David Epston이 가장 선호하는 명칭은 내러티브실천(narrative practice)이다. 자신들이 하는 일의 성격이 사람을 대상화하는 치료(therapy)가 아니라 문제를 대상화하고 맥락화하는 포스트구조주의적 활동임을 강조하기 위해서이다. 또한 개인, 부부나 가족, 집단을 대상으로 하는 개입뿐만 아니라 사회적 반향을 일으키는 지역사회운동(community work)까지 포함하기 때문에 보다 포괄적인 실천이란 표현을 사용한 것으로 보인다. 국내에서는 초기에 이야기치료라는 명칭으로 알려지기 시작하였으며 현재는 내러티브접근, 내러티브실천, 내러티브상담 등 다양한 명칭이 사용된다.

마지막으로, 상담은 지식 습득과 행동 변화에 초점을 두는데 비해, 치료는 자기 자신과 관계에 대한 통찰('아하' 경험)을 통해 개인의 성장을 지원하는데 초점을 두는 경향이 있다. 이런 특성에 비추어 볼 때, 이야기치료에 토대를 둔 개입 활동은 상담보다 치료에 더 가깝다고 할 수 있다. 그러나 현실에서는 상담과 치료를 구분하기 어렵기도 하거니와 흔히 이 두 가지가 병행되기 때문에, 이 책에서는 이 두 가지 용어를 맥락에 따라 선택적으로 사용할 것이다.

2장
이야기치료의 발달

1. 이야기치료의 유래

1) 발달 배경

이야기치료는 1980년대 호주의 White와 뉴질랜드의 Epston에 의해 개발되었으며 해결지향치료(O'Hanlon & Weiner-Davis, 1989), 해결중심단기치료(Berg, 1992; De Shazer, 1985), 협력적치료(Anderson & Gehart, 2012; Anderson & Goolishian, 1988)와 더불어 포스트모던 가족치료의 대표적 모델 가운데 하나로 꼽힌다. 이야기치료는 언어학, 인류학, 문학비평, 철학, 여성학, 사회심리학 등 광범위한 분야의 이론들을 임상적으로 해석하고 적용하는 접근 방법으로 널리 알려져 있다. 특히 포스트모더니즘과 포스트구조주의의 영향을 받은 인문사회 분야의 다양한 이론들을 임상적 차원에서 매우 구체적으로 적용하는 단계까지 발전시켰다는 점에서 독특성을 인정받고 있다(Kelley, 2004; Payne, 2006).

이야기치료는 발달 초기에 가족치료 인식론, 즉 체계론적 사고(Bateson, 1972)에 근거하여 출발하였으나 내러티브(narrative) 은유를 도입함으로써 현재와 같은 이야기치료의 원형을 발전시키게 되었다(White, 2001a). 사회적 맥락에 관심을 두는 부분은 빈민가족과 일한 Minuchin의 작업에서 영향을 받았으며, 호기심을 중시하는 점은 Milan 가족치료 모델에서 유래했고, 반영팀을 활용하는 방식은 Andersen(1987, 1991)의 작업에 기초하고 있다(White, 2001a). 또한 1990년대에 포스트모더니즘과 포스트구조주의를 적극 수용하면서, 규범과 지식의 절대성에 도전하고 탈중심적 자세를 견지하며 개인, 부부, 가족, 집단 간 경계를 초월하여 다양한 대상에 적용 가능한 유연한 모델로 발전해 왔다.

최근 상담치료 접근이 인식론이나 이론적 배경을 떠나 내담자 중심적이고 파트너십을 강조하는 방향으로 수렴되는 경향을 보이는데, 이야기치료도 그러하다. 또한 인간 문제의 사회적 구성에 주목하고 그 과정에서 언어와 담론의 역할을 강조한다는 점에서 이야기치료는 다른 포스트모던 접근들과 공통된 입장을 가진다. 그러나 전문적 지식과 전문가의 권력에 대한 해체를 시도하는 점에 있어서는 기존 모델들보다 적극적이다. 이야기치료는 인간의 삶을 이해하고 인간의 삶을 재구성하는 하나의 사고방식인 동시에 개인의 삶에 영향을 미치는 광범위한 사회문화적 맥락과 상담치료의 정치적 측면에 주목하는 실천 방식이기 때문이다.

이야기치료는 White와 Epston이 공동집필한『Narrative means to therapeutic ends』(1990)라는 저서를 통해 널리 알려졌으며, White의 실천 근거지인 Dulwich Centre 출판부를 통해 관련 이론 및 실천 논문이 꾸준히 발표되었다. 이야기치료의 가장 최근 형태를 반영한 저서로 White가 2007년 단독 집필한『이야기치료의 지도(Maps of narrative therapy)』(2012)가 있다. 그 외 세계 여러 곳에서 활동하는 많은 이야기치료자, 연구자, 당사자(내담자)들이 이 출판부를 통해 자신의 사례와 다양한 경험을 발표하고 있다.

2) 창시자들

Michael White와 David Epston은 1970년대 말 호주와 뉴질랜드 가족치료계를 이끈 상담자들로서 이들의 인연은 1981년 White의 고향인 애들레이드에서 열린 호주가족치료학회에서 시작되었다. 1980년대를 거치면서 서로의 아이디어와 실험적 시도를 지속적으로 나누는 과정에서 이야기치료의 초창기 모양을 만들었다. 이후 두 사람은 마치 상보적 특성이 두드러지는 쌍둥이와 같은 관계 속에서 서로의 경험과 의견을 수십 년 세월에 걸쳐 교환하고 공유하면서 이 접근을 현재와 같은 상태로 발전시켜 왔다.

White(1948~2008)는 남호주 애들레이드에서 태어나 1979년 남호주대학교에서 사회복지실천을 공부하고 애들레이드 아동병원에서 정신건강사회복지사로 일하면서 상담치료 분야의 커리어를 시작했다. 정신과 진단을 받은 아동에 개입하면서 증상이 아닌 아동에 대한 관심, 유머의 활용, 가족과의 공조 등에서 비롯되는 치료적 효과에 주목하고 1983년 Dulwich Centre를 설립하여 본격적인 가족치료 임상을 시작하였다. 생전에 Dulwich Centre의 공동소장으로 재직하면서 임상활동, 상담자 훈련, 관련 출판물 간행을 활발히 수행하였다. 문제행동을 하는 아동 및 가족상담, 폭력 피해 및 가해 경험과 트라우마 상담, 정신건강 문제에 대한 대안 서비스 프로젝트, 호주원주민과의 지역사회운동 등 다양한 유형의 접근으로 널리 알려져 있다.

한편, Epston(1944~)은 캐나다에서 태어나 뉴질랜드에서 성장하고 영국에서 수학하면서 사회학, 인류학, 지역사회개발 등을 공부하였다. 뉴질랜드 오클랜드의 한 병원에서 선임사회복지사로 커리어를 시작하여 1980년대에 Leslie Centre에서 가족치료사로 일했으며, 그 후 현재까지 오클랜드에 있는 Family Therapy Centre의 공동소장으로 활동하고 있다. 그는 내담자만의 독특한 지지 원천을 만들어 내는 것의 중요성을 강조하였는데, 여기에는 상담 대화 중에 떠오르는 내러티브를 견고히 하기 위해 치료적 편지를 쓰는 것, 클라이언트를 지지해 줄 관심공동체를 발달시키는 것, 내담자들이 서로 지지를 주고받기 위해 동맹을 결성하는 것 등이 포함된다. 식이장애를 사회문화적으로 구성된 체상, 이를 지지하는 대중문화와 미디어 콘텐츠, 청소년기 동년배 압력 등이 교차하는 맥락에서 유래하는 것으로 보고 개인, 집단, 지역을 대상으로 다차원적 접근을 시도해 왔다.

[그림 2-1] 이야기치료의 창시자: White와 Epston

이야기치료를 개발하는 과정에서 White는 주로 철학적, 이론적 부분에 대한 기여가 컸으며, Epston은 문학적 요소와 텍스트 발달에 많은 관심을 가지고 활동해 왔다. White는 문학, 철학, 역사, 인류학 등의 학위과정을 거치면서 당시 학계를 달구었던 포스트모더니즘과 포스트구조주의에 속하는 다양한 사상과 이론에 접하게 되었고, 이를 이야기치료에 접목하는 데 결정적 역할을 했다. Epston은 인문학에 대한 깊은 조예를 바탕으로 한 수려한 언변과 문체를 치료적 대화와 저작으로 연결시키면서 미국 대학에서 명예박사학위를 받기도 하였다. 이 두 사람의 진보적이고 실험적인 시도가 세계 각지에 알려지면서, 이들은 유럽과 북미를 중심으로 교육 및 훈련 활동에 매진해 왔다.

Epston은 2007년 White의 갑작스런 사망으로 한때 어려운 고비를 맞기도 했으나 현재는 이야기치료의 지속 발전과 후속세대

양성을 위해 활발히 활동하고 있다. 이를 위해 세계 여러 곳에서 이야기치료를 가르치고 훈련하는 이들의 네트워크를 조직하여 교육과 훈련 노하우의 공유를 촉진하는 전문 캠프를 이끌고 있으며, 최근에는 온라인 학술지 『Journal of Narrative Family Therapy』를 창간하여 초대 편집장으로 활동하고 있다.

White와 Epston의 팀워크

1980년대에는 강의나 학회참석차 호주를 방문하게 되면 며칠을 더 묵으면서 플러튼 거리에 있는 Dulwich Centre에서 Michael을 만났다. 믿거나 말거나 우리는 하루에 10사례씩 며칠 동안 개인, 부부, 가족들을 만나면서 시간을 보냈다. 나머지 시간에는 면접노트를 바꿔 보기도 했다. 항상 서로에게 다음과 같은 질문을 반복해서 물었다. "요즘에 뭔가 다른 식으로 하는 게 있나요?" 거기에 Michael은 자기 궁금증을 풀기 위해 다음과 같은 질문도 추가했다. "당신 보기에 내가 요즘 뭘 좀 다른 식으로 하는 것 같아요?" 그 경우는 차이가 워낙 금방 눈에 띄었기 때문에 답을 찾기가 좋았다. "뭔가 정말 다른데요!"라고 대답했을 때, 그는 "어떤 점이 다른데요?"라고 물었다. "그러니까… 질문만 하고 있는데요?" 이 사실에 대해 Michael은 나만큼 놀라워하지 않았고, 내가 생각에도 뻔한 나의 관찰에 다소 실망하는 눈치였다. "그렇기는 해요." 라고 그는 말했다. "대체 어떻게 그렇게 하는 거예요?" 그는 특유의 겸손한 태도로 "글쎄요. … 뭔가 말을 하고 싶을 때마다 그걸 질문으로 바꿔 말하는 거예요!"

출처: White (2012), pp. 1-7(Epston의 발간사)에서 발췌.

2. 한국의 이야기치료[1]

1) 이야기치료의 도입

White와 Epston의 접근은 2000년도를 전후하여 이야기치료라는 이름으로 국내에 소개되기 시작했다(고미영, 1996, 2000). 당시 임상적 개입의 목표는 규범적 성격을 갖는 것이 일반적이었기 때문에 목표가 내담자 관점에서 구성되는 것이라는 개념은 낯선 것이었다. 따라서 구조주의 관점의 임상훈련을 거친 상담자들에 있어 비규범적 상담 성과는 타당한 것으로 보기에 많은 어려움이 있었다(고미영, 2014). 그러던 중 2001년 한림대학교 주최로 Michael White의 내한 워크숍이 성사되었고 거기에 가족치료분야의 학자들, 학생들, 훈련 중인 가족치료사들이 참여하였다.

첫 방문에서 White는 자기 모델의 철학적 배경이 되는 포스트구조주의 철학과 함께 외재화 대화, 재저작 대화, 정의예식을 다루었다(White, 2001b). 2004년 두 번째 방한 때는 회원재구성, 스캐폴딩, 치료적 문서를 포함하여 지난번보다 심화된 내용을 소개하였다(White, 2004). 그 후 White는 2007년 11월 세 번째 내한을 계획하였으나 같은 해 4월 갑작스런 죽음으로 이루지 못한 채 큰 아쉬움을 남겼다.

---

[1] Lee, S. H. (2014). Korea's Turn to New Possibilities in Health and Human Services. *Korean Journal of Family Therapy, 22*(4), 301-314에서 발췌 수정.

2) 내러티브상담의 보급

White의 2001년 첫 내한 워크숍을 계기로 한림대학교 사회복지대학원은 호주 애들레이드에 위치한 Dulwich Centre와 협력하여, *Narrative Therapy in Counselling and Community Work*라는 집중 훈련 프로그램을 진행하였다. 이 프로그램은 한 단계가 3~4일 코스로 구성된 총 3단계 과정이었는데, 각 단계별로 Dulwich Centre 소속의 여러 강사가 교육을 진행하였고 여기에는 Shona Russell, Sue Mann, Alice Morgan, Maggie Carey가 포함되었다. 이 프로그램은 2002년부터 2004년에 걸쳐 3년간 진행되었고 이 과정에서 배출된 약 30명의 상담자들은 현재 전국 각지에서 이야기치료 교육과 훈련의 리더로 활동하고 있다. 이 프로그램이 종료된 이후 2006년부터 2011년까지는 Dulwich Centre의 국제강사 John Stillman이 내한하여 커플과 가족에 대한 연례 워크숍을 실시하면서 국내에서 이야기치료의 확산에 기여하였다(허남순, 2014).

국내에 소개된 지는 비록 얼마 되지 않았지만 그 무렵 가족치료 관련 현장에서 이야기치료에 대한 관심이 높아지고 있었다. 당시 실무자가 향후 적용하고 싶은 가족치료 접근 가운데 이야기치료가 1위로 꼽혔으며, 그 후 청소년상담사 자격을 취득한 전문상담가들을 대상으로 한 보수교육에 이야기치료 교육과정이 진행되는 등 상담 현장의 큰 주목을 받았다(이선혜, 서진환, 신영화, 2005).

3) 이야기치료의 확산

White 내한 10년 만인 2011년 호주 Dulwich Centre의 지원과 격려 속에 한국이야기치료학회(www.narrative.co.kr)가 창립되었다. Dulwich Centre 공동소장 Cheryl White는 학회 창립을 기념하는 서한을 통해 '한국에서 이루어지고 있는 다양하고 독특한 형태의 이야기치료에 대해' 많이 알게 되기를 바라는 마음을 전해왔다. 나아가 "한국이야기치료학회와 Dulwich Centre가 파트너십을 잘 유지함으로써 도움을 필요로 하는 개인, 부부, 가족, 지역사회를 지원하는 내러티브 방법을 지속적으로 발전시켜 나가기를 바란다."는 희망을 밝혔다(White, 2011).

학회 창립 이듬해부터 국내 실천의 확대 발전을 목적으로 '내러티브상담사' 자격제도를 시행하게 되었다. 학회의 슈퍼비전 방식은 다음과 같은 차별성을 가진다. 한국의 상담관련학회는 월례사례회의를 열어 훈련 중인 상담자가 자신이 진행한 사례를 발표하고 슈퍼바이저가 지도하는 형식을 취하고 있다. 반면에 한국이야기치료학회는 사례회의의 통상적 명칭과 형식에서 벗어나 사례논의를 위한 모임을 반영팀이라 부르고, 참가자들의 동료 피드백을 핵심으로 하는 자치 반영모임을 운영한다. 반영팀의 조직과 운영을 촉진하기 위해 학회에서 정한 자격을 가진 사람이 반영팀의 코디네이터가 되어 그 역할을 담당한다(발표자, 모임의 빈도 및 장소 선정 등). 이러한 동료 슈퍼비전 구도는 전통적 위계적 슈퍼비전 방식과 대조적인 것으로서, 수평적 상호작용을 중시하는 포스트모던 접근의 특성을 반영하는 것이다. 또한 이야기치료 맥락에서 중요시하는 탈중심적 자세, 다양한 관점, 공동체의식(sense of community)과 일맥상통하는 것이다.

최근 들어 임상현장에서 이야기치료에 대한 관심이 급상승하면서 이 접근을 다양한 현장에 적용하는 방안에 관한 관심이 높아지고 있으며, 이와 함께 이야기치료의 이론과 실천에 관한 논문이 다양하게 발간되고 있다. 이야기치료의 국내 연구 동향은 최근 수행된 문헌분석 연구(이선혜, 박지혜, 2018)를 통해 개관할 수 있다.

3장
이야기치료의 철학적 배경

이야기치료의 철학적 배경에는 20세기 후반부터 인문사회과학에서 수많은 관심과 논쟁의 대상이 되어 온 사상이나 이론들이 존재한다. 여기서는 포스트모더니즘과 포스트구조주의로 분류되는 광범위한 사상과 이론들 가운데 이야기치료의 기본적 전제를 이해하는 데 필요한 몇 가지 점들을 간략히 소개한다.

1. 내러티브란 무엇인가

이야기치료에 대한 배움의 여정을 시작하기에 앞서 가장 먼저 생기는 질문 가운데 하나는 아마도 '내러티브'라는 단어의 의미일 것이다. 내러티브의 의미를 알아 간다는 것은 곧 이야기치료를 알아 가는 것이라 할 수 있을 만큼 이 용어는 이야기치료에서 중요한 위치를 점하고 있다. 내러티브에 대한 관심은 20세기 후반 문학이론, 역사기록학, 1980년대 이후 사회과학 그리고 보다 광범위하게는 사회문화 전반에서 20세기 후반에 일어난 학문적 현상이며 '내러티브적 전환(narrative turn)'으로 일컬어진다.

내러티브적 전환은 비록 서로 다른 학문분야에서 발달하였으나 내러티브 이론과 연구에 대한 관심 단계, 내러티브탐구를 하나의 분야로 인지하는 단계, 내러티브를 정체성 개념으로 인식하는 단계를 거쳐 현재에 이르렀다(Hyvärinen, 2010, p. 69). 내러티브가 심리상담의 주된 은유이자 도구로 알려진 계기는 이야기치료의 창시자인 White와 Epston이 1990년 『Narrative Means to Therapeutic Ends』를 출간하면서이다.

1) 통상적 개념으로서 내러티브

내러티브(narrative)라는 단어는 서사(敍事)로 번역되며 어떠한 사건을 있는 그대로 시간의 경과에 따라 객관적으로 묘사한 것, 사건에 대한 설명을 말한다. 일반적으로는 문학의 장르를 가리키는 용어이며 특정한 순서로 배열된 인생 사건이라는 의미를 갖고 있다.

개인의 자기 이야기는 인생사에 대한 기억, 현재 상태, 다양한 개인적, 사회적 상황에 따른 역할 및 관계에 기초하여 자신이 누구인지를 정의한 것으로서 1인칭 내러티브이다. 우리는 자기 내러티브의 핵심 내용을 다른 사람들에게 말하기도 하고 종종 스스로에게 혼잣말로 말하기도 한다. 세부 내용은 말할 때마다 조금씩 달라지지만 지배적 주제와 개념은 반복되는 경향이 있다.

사람들은 종종 자기 이야기를 미래에 투사하면서 '나는 이제까지 항상 우울했으니까 앞으로도 계속 그럴 거야.' 또는 '이제까지는 억지로 이 관계를 끌고 왔지만 이제는 더 이상 희망이 없어.'라고 말한다. 때로는 자신이 바라는 방향으로 미래를 이야기하기도 한다. '나는 항상 우울했고 지금도 그렇지만 언젠가는 이 감정을 청산할 수 있을 거야.' 또는 '우리 관계가 지금까지는 힘들었지만 계속 이렇지는 않을 거야.'

이야기치료에서는 '내러티브(narratives)' '이야기(stories)' '설명(accounts)'이라는 세 가지 용어가 동일한 의미로 사용된다. 내담자가 자기 내러티브를 이야기하고 상담 대화를 통해 그 내러티브가 점진적으로 수정되는 과정을 가리켜 이야기 재구성 또는 재저작이라고 한다. 이런 표현은 개인의 인생을 이야기로 바라보는 문학적 은유에서 비롯된 것이다.

2) 포스트모던 개념으로서 내러티브

만일 내러티브라는 용어가 앞서 설명한 의미로만 사용된다면 우리가 이 책에서 말하는 상담을 굳이 이야기치료라고 부를 이유가 없다. 왜냐하면 상담자라면 그가 사용하는 모델에 관계없이 모두가 내담자의 내러티브를 듣고자 하기 때문이다. 다시 말해, 상담자가 통상적 개념으로서의 내러티브에 관심을 두는 점은 이야기치료와 다른 상담모델을 구분하는 지점이 되지 못한다. 이야기치료에서는 내러티브라는 용어가 이보다 훨씬 확장된 개념으로 사용된다. 이러한 확장은 포스트모더니즘으로 알려진 사고방식과 관련이 있다.

로저스 인본주의 상담자로 출발하여 내러티브 상담자로 성장한 Payne(2006)은 프랑스 철학자 Ricoeur(1984)를 인용하여 이야기치료에서 사용하는 내러티브의 개념을 설명하고 있다. Ricoeur는 인간 인식의 중심에 내러티브가 위치해 있다고 보았다. 내러티브는 일종의 정신적 구조화 과정으로, 인간은 이야기하는 행위를 통해 자신의 경험을 정리한다는 것이다. 이때의 이야기는 단순한 사건 설명이 아니라 자신의 존재를 정의하는 이야기이다.

보다 구체적으로, 포스트모던 개념으로서의 개인의 내러티브는 자기 자신이 시간(달력 발명으로 가능해진 선형적 관점), 공간(지구, 달, 별, 은하 등), 자기 세계(객관적, 주관적)에서 일어나는 사건들, 그리고 시간감각(시간이 과거에서 미래로 움직이고 있으며 현재는 과거와 미래가 지속적으로 교차하는 지점이라는 인식)과 어떻게 관련되어 있는지를 설명하는 이야기이다(Payne, 2006 재인용). 즉, 내러티브는 개인이 시간, 공간, 타인이라는 복합적 맥락 속에서 자기 삶을 표현하고 자신의 존재를 정의하는 과정이자 결과물이다.

이러한 복합적 맥락의 산물로서 개인은 자신이 살면서 경험하는 많은 것들 중 일부를 선택적으로 자신의 내러티브에 포함시키고 그러한 경험들에 대해 특정한 의미를 부여한다. 그런데 자기 내러티브에 어떤 경험과 사건을 포함시킬 것인지, 또 그것들을 어떻게 평가할 것인지는 개인의 선택이 아니라 상당 부분 개인이 속한 사회나 조직에서 통용되는 가치와 규범의 영향을 받는다. 다시 말해, 자신의 인생 경험 가운데 어떤 것들이 관심의 대상인지에 대한 사회적 관점에 따라 자기 내러티브를 구성한다. 또한 그러한 경험들을 어떻게 평가할 것인지에 대한 사회적 기준에 따라 자기 경험을 평가한다.

이와 같이 개인의 내러티브가 만들어지는 방식에 주목하는 이유는 자기 삶을 이야기하는 과정에서 인생의 주제가 형성되고 하나의 인간으로서 자기 정체성이 만들어지기 때문이다. 예를 들어, 누군가의 내러티브가 사회적으로 가치 있게 평가되는 주제를 담고 있다면 그 내러티브의 주인공은 '모범생'이나 '엄친아'와 같은 소위 바람직한 정체성을 가진 사람으로 알려지게 될 것이고 성공한 사람으로서의 힘을 느끼며 살 것이다. 반면에 어떤 사람의 내러티브가 성공적 내러티브와 거리가 멀면 멀수록 그 사람이 느끼는 실패감은 커질 것이고 주위에 '루저'의 정체성을 가진 사람으로 알려지면서 자신을 수치스럽게 여길 것이다.

포스트모던 의미의 내러티브는 어떤 사람의 살아온 삶을 압축적으로 보여 주는 텍스트를 의미하는 데 그치지 않는다. 내러티브 주인공으로 하여금 현재와 미래를 이제까지 살아왔던 방식으로 계속 살아가게끔 이끄는 일종의 틀로 작용한다는 의미까지 포함하고 있다(Bruner, 1990). 이를 비유적으로 표현하자면, 개인의 내러티브는 그의 경험과 그 의미를 담고 있는 그릇과 같다. 이 그릇은 이제까지의 삶과 정체성을 담고 있을 뿐 아니라, 현재와 미래의 삶과 정체성의 모양을 결정지을 도구이기도 하다. 기존의 문제적 내러티브를 대안적 내러티브로 재구성하는 이유이다.

이야기치료의 창시자 White가 말하는 내러티브

내가 내러티브라는 용어를 사용하는 이유는 인간이 해석하는 존재라는 점을 부각시키기 위해서이다. 우리는 삶을 살아가면서 여러 경험을 하고 그에 대해 끊임없이 해석한다. 우리가 경험을 해석하는 행위는 그 경험에 맥락을 제공하고 의미 부여를 가능하게 하는 일종의 이해 틀이 없이는 불가능하다. 내러티브는 바로 그러한 이해를 위한 일종의 틀이라 할 수 있다. 해석의 과정에서 도출된 의미들은 중립적이지 않다. 그 의미들은 우리가 하는 일과 우리가 선택하는 행보에 실질적인 영향을 행사한다. 그 의미들은 우리 삶의 경험 가운데 어떤 부분을 표현할지, 어떤 형태로 표현할지는 우리가 이야기하는 자기 내러티브(self-narrative)에 의해 결정된다. 우리는 자기 삶에 대해 갖고 있는 이야기들에 따라 살아가고, 이 이야기들은 실제로 우리의 삶의 모양을 결정하고 구성하며 에워싼다(White, 1995a, pp. 13-14, Payne에서 인용).

참고　**포스트모더니즘**

포스트모더니즘은 20세기 후반 철학 및 예술 분야에서 일어난 광범위한 움직임으로, 1960년대 서구 반기득권 운동의 급성장에서 비롯된 것으로 보는 견해가 일반적이다. 'post-modernism'이란 단어는 원래 건축에서 유래한 것으로 문자 그대로 after modernism을 의미하며, 비전통적 원천에서 유래한 의미와 권위에 대한 개방 그리고 과거 전통을 과감히 차용하는 자세를 특징으로 하는데, 그 방식이 장난스럽고 아이러니한 측면이 있다. 종종 복합성, 모순성, 모호성, 다양성, 내적 연결성, 내적 준거성을 극단적으로 표현하고 전통적 요소와 기법의 리바이벌을 특징으로 하기 때문에 명백한 중심적 위계나 조직 원리가 부족해 보이는 경향이 있다.

대표적 인물로 Ricoeur, Lyotard, Rorty, Baudrillard 등을 들 수 있다. 특히 Lyotard는 포스트모더니즘을 현재 시점의 문화, 사회구조, 자기(self)의 조건으로 인식하였다. 그는 인간 문화에 있어 내러티브의 역할에 주목했는데 특히 모더니티를 벗어나 후기산업 포스트모던 환경 속으로 진입하면서 내러티브의 역할이 어떻게 변화했는지에 지대한 관심을 갖고 있다. Baudrillard는 우리가 '과도현실(hyperreal)', 포스트모던, 후기산업 등 모든 종류의 후기(post) 시대 속에 살고 있다고 주장하면서, 이제 무엇이 진짜인지 판단하기 어려울 정도의 국제화된 대중문화에 지배당하고 있다고 보았다.

2. 실재란 무엇인가

이 세상에 진짜로 존재하는 것은 무엇이며 우리는 그것을 어떻게 아는가? 사회구성주의 시각에서 볼 때 '실재(reality)'가 무엇인지에 대한 우리 이해를 포함하여 모든 지식은 사회적으로 구성되는 것이다(Berger & Luckman, 1966). 이야기치료와 관련하여 사회구성주의의 요지는 다음의 네 가지로 정리된다(정문자, 정혜정, 이선혜, 전영주, 2018; Freedman & Combs, 2009).

1) 실재는 사회적으로 구성된다

실재는 사람들이 삶을 살아가면서 사회적 상호작용을 통해 함께 구성하여 생긴 것이므로 사회적 구성 과정의 결과물이라 볼 수 있으며 우리가 갖고 있는 인간과 사회에 대한 여러 전제의 근거가 된다. 사회문화적 규범은 종종 검토되지 않은 채 개인, 하위집단, 지역사회 내에서 '진리'라는 지위를 누린다. 우리는 현실에 대한 관점을 구성함에 있어 지속적으로 이러한 규범들에 비추어 우리 관점을 구성한다.

이 같은 구성물의 예로 다양한 사회적 신념, 법칙, 관습, 의식주 습관, 심리학적 구성개념(예: ADHD, 공동의존) 등을 들 수 있다(정문자 외, 2018). 모든 사회와 문화에는 나름의 규범과 사전에 정의된 행동 패턴이 존재하는데, 사람들은 그 속에서 나고 자라기 때문에 무엇이 '실재'인가에 대한 정의는 한 세대에서 다음 세대로 전수되고 사회적 승인 속에서 지속적으로 강화된다. 그 같은 정의는 사회화 과정을 통해 구성원에게 학습되고 내면화되면서 점차 개인 고유의 세계관과 이념의 일부를 이루게 된다.

계몽시대 이래 전형적인 지식의 모습이 거대 담론과 보편성 논의라면, 사회구성주의의 지식에 대한 생각은 복합적, 파편적, 맥락적, 지역적(당사자적)인 것으로 특징지을 수 있다(Hare-Mustin, 1994). 본질적으로 존재하는 것이라 여겼던 것을 인위적 구성물로 바라보는 이러한 접근은 포스트구조주의의 해체 작업(Derrida, 1981)과 일맥상통한다.

2) 실재는 언어를 통해 구성된다

실재를 바라보는 관점, 세상이나 신념체계는 객관적으로 존재하는 것이 아니라 언어를 통해 구성된다. 그래서 다시 언어적 상호작용을 통해 언제든 변화할 수 있다. 실재는 항상 언어라는 필터를 통해 여과되기 때문에 언어, 대상, 행동 간의 관계는 확정적이지 않다. 즉, 대상, 행동, 상태의 관계를 설명하는 말이 있을 뿐 그들 간에 절대 불변의 정해진 관계가 있는 것은 아니라는 의미이다. 언어는 생각을 명료하게 하게 만들기도 하지만 왜곡하거나 과도하게 단순화시키는 측면도 가지고 있다. 예를 들어, 정신질환 진단명(DSM)은 연구자들의 합의를 토대로 개인의 특징을 설명하기 위해 고안된 구성물일 뿐 그 사람과 동일시될 수는 없다.

3) 실재는 이야기를 통해 조직되고 유지된다

우리는 나 스스로에게 하는 말이나 타인과의 대화에서 언어를 통해 우리 생각과 감정을 정리한다. 실재는 우리가 일상적으로 말하는 이야기를 통해 생겨나기도 하고 소멸되기도 한다는 점에서 이야기는 실재에 대한 지식을 조직(해석)하고 유지하고 순환하는 데 핵심적 역할을 한다. 언어는 우리가 속한 문화의 산물인 동시에 그 속에서 당연시되는 전제를 표현한 것으로서, 기성(ready-made)의 의미와 뻔한(canonical) 이야기를 제공함으로써 우리가 그 경험을 어떻게 해석할지에 영향을 미친다(Payne, 2006). 이런 뻔한 내러티브의 예로 출세한 사람, 엄친아, 평생의 동반자, 훌륭한 부모 등과 관련하여 사람들이 흔히 떠올리는 이야기를 들 수 있다.

사람들은 자기 삶의 이야기를 기성의 정형화된 내러티브에 끼워 맞춰 이야기하고 싶어 한다. 즉, 자기 삶의 이야기가 사회적으로 바람직하고 가치 있게 여겨지는 삶의 이야기가 되기를 바란다. 그러나 삶의 이야기가 항상 그런 뻔한 이야기에 들어맞는 것은 아니기 때문에 그런 이야기는 사람들에게 심적 고통과 정체성 상실을 일으키는 원천이 되기 십상이다(Payne, 2006). Jerome Bruner(1990)는 우리 삶의 내러티브를 가리켜 '계속 달라지는 마음속 자서전의 초안'이라고 설명하면서 우리가 말하는 이야기는 문화적 해석 체계를 통해서만 이해가 가능하다고 보았다. 또한 우리가 말하는 자기 이야기는 삶에서 우리가 내리는 많은 결정들의 근거로 작용하면서 결과적으로 우리 행동을 결정짓는다(Bruner, 1990). 인간이 이야기를 통해 자기 삶의 실재를 조직하고 유지한다고 말하는 이유다.

4) 본질적인 진실이란 존재하지 않는다

사회적 구성물은 절대적인 것이 아니어서 시대와 문화에 따라 차이가 있다. 누군가의 행동은 사회에서 그 행동이 정의되는 방식에 따라 설명된다는 점에서, 개인의 행동은 내적 역동에 의한 것이라기보다 사회적, 문화적, 역사적 산물로 이해할 수 있다(Berger

& Luckmann, 1966). 누구에게나 정확한 실재는 존재하지 않으며 우리가 할 수 있는 것은 경험을 해석하는 것뿐이다.

실재는 해석을 통해서만 지각이 가능하며 의미는 대상이나 특정 상황에 본래적으로 존재하는 것이 아니라 타인과의 상호작용에서 경험하는 것을 토대로 만들어지는 것이다. 우리 관찰은 관심과 가치의 영향을 받기 때문에 관찰자는 절대 중립적일 수가 없다 (Dean, 1993). 그래서 사회구성주의자는 하나의 진정한 세계관을 고집하기보다는 경쟁관계에 있는 수많은 세계관들의 존재를 인정한다. 즉, 우리가 할 수 있는 것은 경험을 해석하는 것뿐으로, 하나의 현상을 이해하는 데는 다양한 해석이 가능하고 그 어떤 해석도 진정으로 옳은 사실은 아니다.

이상에서 설명한 네 가지의 사회구성주의 전제는 우리 상담자들에게 다음과 같은 시사점을 던져 준다(정문자 외, 2018; Nichols & Schwartz, 2004). 첫째, 모든 진리가 사회적 구성물이라는 시각은 상담자로 하여금 내담자를 옭아매고 있는 신념의 문화적 뿌리를 이해하도록 도움을 준다. 둘째, 상담자는 언어적 상호작용을 통해 내담자로 하여금 자신의 문제를 재구성하도록 지원한다. 셋째, 상담자와 내담자의 문제 인식이 모두 문제에 대한 상이한 해석이라고 보기 때문에 상담은 협력적 과정으로 이해된다.

이 같은 맥락에서 White는 '문제를 애초에 그것이 유래한 맥락으로 되돌려 보내는' 작업을 내담자와 함께 수행한다(White, 2012). 이는 개인의 행동 자체보다 그것이 사회적으로 해석되는 과정에서 비로소 문제가 되는 점이 과연 타당한 것인지에 의문을 제기하고 내담자와 함께 이를 탐색하기 위함이다.

　문제가 되는 것을 구성적 혹은 해체적 관점에서 접근하는 것은 문제가 갖고 있는 억압적 영향을 약화시킬 수 있다. 이야기치료에서 젠더 이슈에 접근할 때, 예컨대 문제를 강화하는 개인의 신념을 해체하는 질문을 통해 가부장적 담론을 사회문화적 차원의 문제로 이해하고 내면화를 중지하도록 내담자를 지원할 수 있다 (Russell & Carey, 2004).

　참고　**구성주의, 사회구성주의**

　구성주의에는 다양한 스펙트럼의 이론과 관점이 존재하는데, 개인의 지각체계에 초점을 두는 미시적 관점에서 대인관계를 매개로 현실을 구성하는 데 주목하는 관점, 나아가 현실을 사회적 과정을 통해 구성되는 것으로 보는 거시적 시각까지 매우 다양하다. 이야기치료의 세계관에는 다음의 여러 구성주의 이론이 모두 반영되어 있다.

- 구성주의(Constructivism)는 인간의 모든 지식이 관습, 지각, 사회 경험에 달려 있다는 점에서 '구성된' 것으로 보는 입장이다. 신경생물학자 Maturana와 Varela(1987)는 사람들이 바라보는 '세계'는 동일한 세계가 아니라 '하나의 세계(a world)'라 주장하였다. 한 사람의 지각은 개인의 신경체계를 통해 여과되기 때문에 '바깥 거기에' 존재하는 것을 실제로 알기에는 우리의 지각에 한계가 있다. 인간의 정신적, 상징적 과정 및 의미제작 구조는 저마다 다르기 때문에, 우리는 동일한 상황에 대해 서로 다르게 가정하고 해석한다(정문자, 정혜정, 이선혜, 전영주, 2018).
- 심리학적 구성주의(Psychological Constructivism)는 1950년대 Kelly

의 개인구성개념 성격이론(Kelly, 1955)에서 비롯되었다. 인간은 자신의 신념, 지각, 해석을 현실에서 지속적으로 검증하는 과정을 통해 자기 고유의 구성개념(personal construct)을 구성, 재구성하고 그 구성개념에 기초하여 세계를 이해하고 해석한다. 개인 고유의 심리적 과정은 당사자가 사건을 예견하는 방식에 따라 흘러가는 것으로서, 구성개념은 사건을 예측하는 동시에 행동, 감정, 사고를 결정하는 하나의 렌즈가 된다. 또한 인간이 어떤 상황이나 사건을 이해하려 할 때 여러 구성개념 중 어떤 것을 사용할지 선택하는데, 이는 사건의 진행과 함께 또는 회고적으로 이루어진다. 따라서 모든 사건은 다중 해석에 열려 있고 Kelly는 이를 구성적 대안주의라 부른다.

• 사회구성주의(Social Constructivism)는 인지생물학적 구성주의에 사회적 요소를 가미한 것으로, 학습은 아동의 독립적 노력이 아니라 사회적 공조 속에서 이루어지는 것임을 강조한다. Vygotsky(1986)는 아동이 알 수 있고 독립적으로 성취할 수 있는 것과 알게 될 가능성이 있고 성취할 가능성이 있는 것 사이에 존재하는 차이를 근접발달 영역이라 부르면서, 자기보다 앞선 이들과의 상호작용을 통해 아동이 이 영역을 채워 나간다고 보았다(정문자 외, 2018).

• 사회구성주의(Social Constructionism)는 사회학 및 학습 이론에 기초하고 있으며, 지식과 실재가 사회적 관계와 사회적 상호작용에 의해 만들어진다고 보는 입장이다. 어떤 개념이나 관습은 하나의 사회적 구성물로서 그것을 수용하는 사람들에게는 자연스럽고 당연한 듯이 보일 수 있으나 실제로 그것은 특정한 문화나 사회에서 만들어진 창작품 내지 유물이다. Wittgenstein은 언어게임이 우리 삶 곳곳에 스며들어 있다고 주장했는데 이러한 인식은 후에 사회구성주의의 토대가 되었다.

3. 자기와 정체성[1]

1) 구조주의 관점

철학에서 구조주의란 모든 물리적 현상은 근본적이고 불변하는 법칙에 의해 지배되며 그 법칙(구조)을 발견하게 되면 세계를 이해할 수 있다는 입장을 가리키는 것으로, 현대 과학의 발전과 물질문명 확산의 인식론적 기반이 되어 왔다. 이 같은 발상은 물리적 현상을 이해하기 위한 틀에서 나아가 사회학, 인류학, 언어학, 심리학, 가족치료 등 인문사회과학 분야로 확산되면서 개인, 가족, 사회, 문화, 언어 등의 내부 구조를 밝히는 데 주목하도록 하는 변화를 초래했다(Thomas, 2004).

심리상담 분야에서 구조주의의 영향은 자기(self) 개념에서 찾아볼 수 있다. 구조주의 관점에서 볼 때, 인간 행동의 근본은 내면의 자기(정체성)에 있으며 문제 행동은 근본적 구조의 왜곡이나 결함에서 오는 것이라고 본다(⟨표 3-1⟩ 참조). 그 때문에 상담자는 제시된 문제 자체보다 저변의 역기능적 구조와 역동에서 문제의 원인과 해결의 실마리를 찾고자 한다(Thomas, 2004).

White는 서구의 주류 문화가 성공적 인간상의 여러 버전 가운데서도 '껍질에 싸인 자기(encapsulated self)'로 대변되는 인간상을

---

1) 이선혜(2008). 내러티브접근의 가족치료사적 의의와 한국 가족치료 발전에 대한 함의: 고 Michael White의 작업에 대한 재조명, 한국가족치료학회지, 16(1)에서 발췌 수정.

절대시하고 자제, 자기 억제, 자족, 동기, 자기실현으로 설명될 수 있는 자율성과 독립성을 강조한다고 지적하였다(White, 2012). 따라서 '자율적이고 독립적인 행위'라는 구성된 규범을 재생산하지 못하는 사람은 자신은 물론 다른 사람의 눈에도 실패자로 분류된다. 이에 따라 치료자의 역할은 내담자의 정서적, 심리적, 관계적 역기능의 '진실'을 파헤치고 내담자의 내적 기능 및 관계 패턴과 관련되어 있는 행동을 해석하고 진단하는 것이며, 제시된 문제에 대한 치료를 실시하는 것이 된다.

〈표 3-1〉 인간과 인간의 문제에 대한 관점: 구조주의 대 포스트구조주의

범주	구조주의	포스트구조주의
개입의 관심사	개인의 '심층구조'나 '본질'에 대한 탐구	건강한 삶에 대한 비전 탐색
정체성 탐구방법에 대한 입장	객관적 탐구가 가능함	객관적 탐구가 불가능함
삶의 모양새를 형성시키는 요인	'심층구조'	삶의 목적, 신념, 언어, 타인의 언행, 대인관계, 삶의 사건에 부여하는 의미, 그 의미가 이야기되는 방식
인간의 사고, 문제, 자질	내적 자기에서 비롯됨	문화와 역사적 맥락에서 파생됨
인간 정체성	내적 자기 안에 고정된 상태로 항상성을 유지함	사회 환경과 대인 관계 속에서 구성과 재구성을 통해 지속적으로 변함

출처: Thomas(2004) 본문 재구성, 이선혜(2008) 발췌.

2) 포스트구조주의 관점

인간 삶과 인간 삶의 문제를 바라보는 데 있어 심리상담 분야에 전통적으로 구조주의 영향이 우세한 가운데, 이야기치료는 포스트구조주의(Derrida, 1981; Foucault, 1980)의 지대한 영향을 받았다. 서구사회의 철학적 전통에서는 마음 깊숙이 핵심 자기(core self)를 갖고 독립적으로 기능하는 사람을 이상적 인간으로 본다면, 포스트구조주의에서는 인간은 사물과 달라 사물을 연구하는 데 활용되는 구조주의 관점을 가지고 연구될 수 있는 대상이 아니라고 본다.

포스트구조주의 시각에서 볼 때, 인간 존재는 기본적으로 인간 상호작용 속에서 구성되는 관계적 자기(relational self)로서, 인간의 지각, 정체성, 행동은 사회문화적 영향하에 있다(Weingarten, 1991). 인간은 고유하면서도 타인과의 상호관계 속에서 살아가는 존재이기 때문에 개별적 존재로, 부분적, 객관적으로 이해될 수 없다. 그래서 White는 관계 속에서의 정체감(relational sense of identity)을 강조하면서 인간의 정체성이 다음과 같은 속성을 갖고 있다고 보았다(White, 2012, p. 223).

- 정체성은 사적이고 개인적으로 만들어지는 것이 아니라 공적이고 사회적으로 형성되는 것이다.
- 정체성은 인간 본성을 무엇이라 정의하든 간에 인간 본성의 영향보다는 역사적이고 문화적인 영향으로 형성되는 것이다.

• 개인의 정체성은 당사자가 자기 삶과 정체성에 관해 자기 나름의 주장을 갖고 또 사회적 인정을 통해 그것으로부터 진정한 자기 모습을 이끌어 내려는 노력에서 비롯되는 것이다.

이러한 속성은 인간의 정체성이 사회 환경과 대인관계 속에서 지속적으로 변화해 나가는 것으로서, 그 사람의 삶의 목적, 신념이 이야기(언어)를 통해 공유되는 과정에서 형성되는 것임을 강조하는 것이다. 또한 이러한 인식은 개인의 정체성이 내적 성찰을 통해 '자기'의 본질을 파악하고 또 그것을 표현하는 과정에서 발견될 수 있는 성격의 것이라는 입장과 대조가 된다. 인간행동을 구조주의적으로, 내적 상태의 표현이라 간주하면 다른 사람과의 고립 상태를 초래하는 반면, 인간행동을 목적으로 표현하게 되면 개인의 삶이 다른 사람들의 삶과 연합할 수 있는 가능성이 열린다(White, 2001b). 따라서 개입의 관건은 역기능적 본질의 파악이 아니라 내담자가 선호하는 삶에 대한 비전을 탐색하는 방향으로 모아진다.

이 같은 입장은 함께 일하기 어려운 내담자, 예를 들어, 법원 명령을 이행하기 위해 비자발적으로 오는 사람들, 정신병원 등 선택의 자유가 제한된 곳에 있는 사람들, 상담자와 대화하고 싶어 하지 않는 사람들, 사회적 관계가 극히 제한된 사람들과 일할 때 매우 유용하다. 이들이 처한 상황에 대한 이야기나 이들의 정체성은 이미 문제로 가득 찬 것일 뿐만 아니라, 이들 내면에 개입하려는 시도는 이들을 더욱 문제와 동일시하고 주변화시킬 가능성을 높이기 때문이다. 따라서 이들의 정체성을 내부에 고정된 것이 아닌 외부와의 상호작용 속에서 지속적으로 변화하는 것으로 바라보는 이야기치료의 시각은 상담 개입에 대한 내담자의 저항을 감소시킬 뿐만 아니라 참여 동기를 유발하는 효과가 있다(Eron & Lund, 1996).

참고   포스트구조주의

포스트구조주의는 1950년대에서 1960년대 프랑스에서 유행했던 구조조의(structuralism)에 대한 반발로 20세기 후반 철학 및 문학비평 분야에서 일어난 움직임을 가리킨다. 1960년대 프랑스에서 정치적 혼란, 전통적 가치에 대한 반란과 탈환상의 움직임 그리고 이로 인해 페미니즘, 서구마르크시즘, 현상학, 허무주의가 다시금 주목을 받는 가운데 부상하였으며, 대표 주자로 흔히 Jacques Derrida, Michel Foucault, Roland Barthes를 꼽는다. 포스트구조주의는 포스트모더니즘과 밀접한 관련이 있으나 유사한 개념은 아니다. 포스트구조주의에서 강조하는 핵심적 전제에는 다음과 같은 것들이 포함된다.

• 독자적이고 일관된 실체로서의 '자기(self)'는 허구이다. 사람은 상충하는 긴장들(conflicting tensions)과 앎에 대한 주장들(knowledge claims; 젠더, 계층, 전문직 등)로 이루어진 존재이다. 텍스트가 가지는 의미에 대한 해석은 독자 각자가 갖고 있는 자기 개념에 따라 달라진다.
• 저자가 의도하는 의미는, 저자의 정체성이 비록 독자적 차별적 의도를 가진 안정된 '자기'일지라도 독자가 지각하는 의미에 우선하지 않는다. 그렇기 때문에 문학 텍스트(혹은 주체가 기호를 지각하는 상황에서는 언제나)의 목적, 의미 혹은 존재는 하나가 아니라 여러 개일 수 있다.

- 하나의 텍스트에 대해 다면적 해석을 내리기 위해서는 다양한 관점에 서 접근할 필요가 있다.

출처: https://www.philosophybasics.com/movements_poststructuralism.html.

4. 문화로서의 심리상담

문화로서의 심리상담은 이야기치료의 주요 화두 가운데 하나이다. 모든 유형의 심리상담은 하나의 문화 현상으로서 그것이 속한 문화의 구조와 이념으로부터 자유로울 수 없고, 그러한 구조와 이념에는 성, 인종, 계층, 나이, 민족정체성, 이성애우월주의 등을 둘러싼 정치적 현상이 모두 포함된다. 또한 심리상담은 지식의 위계나 인간 주변화를 둘러싼 제도나 관행으로부터 자유로울 수 없다. 이 때문에 심리상담 활동이 주류문화를 재생산하는 방식에 대한 이해가 없이는 오히려 그 같은 재생산 과정에 가담하는 일이 발생할 수 있다(White, 2012).

그렇다면 현대 사회의 심리상담은 하나의 문화 현상으로서 어떤 양상을 보이는가? 이 질문은 바로 심리상담 및 치료 문화, 즉 인간 삶과 문제에 관한 '지식'을 어떻게 바라볼 것인가와 관련이 있다. 다시 말해, 인간 삶과 문제에 관한 지식이 어떤 과정을 통해 형성되는가, 누가 지식 창출과 사용의 주체인가, 그 외 누가 지식 창출에 참여하고 있나, 창출된 지식이 어떤 방식으로 사용되는가?

심리상담에서 포스트모더니즘 논의의 핵심은 세상과 인간의 삶은 다양한 방식으로 설명이 가능하며 각 방식은 나름대로 정당하다는 것을 인정하는 데 있다. 여기서는 여러 설명 방식 가운데 과학적(scientific) 방식과 내러티브(narrative) 방식을 비교하면서 (Payne, 2006), 심리상담이라는 '전문적' 활동, '전문가'를 육성하는 전문적 훈련체계, 나아가 인간 삶과 인간 문제에 관한 '전문적 식견'에 있어 기존 접근과 이야기치료가 어떻게 다른지를 살펴본다 (〈표 3-2〉 참조).

1) '과학적' 이해방식

전통적인 심리상담 모델 가운데 다수가 심리학적 토대 위에 수립되었으며 심리학을 '과학적인' 것으로 간주한다. 여기서 과학적이라 함은 관찰에 근거하여 이론을 형성하고 객관적 연구라고 믿어지는 과정에 의해 확증되었음을 의미한다(Payne, 2006 재인용). 따라서 심리학 기반 상담모델의 창시자들은 전문서적을 읽고 생각하고 실습하는 과정을 통해 훈련생들이 이론에 명시된 객관적, 전문적 지식을 습득할 수 있다고 본다. 즉, 지식의 형성에 있어 구조주의에 기초한 기존 치료에서는 관련 학문 분야의 공식적 훈련 과정을 통해 획득된 인간 발달과 적응에 관한 지식을 정당한 지식으로 보며, 따라서 상담자는 인간 삶과 문제에 대한 전문가이다 (이선혜, 2008).

상담자는 내담자 동기의 원천을 찾아내고 평가하며, 심적 통증의 기원을 드러내고 인간관계의 복잡한 메커니즘을 분석하며, 호소문제 이면의 숨겨진 현실을 정의할 수 있다고 전제한다. 상담자는 전문 지식을 토대로 정상범주에서 벗어난 사람들을 다양하게 명명하면서 그들을 일반인들과 가르고, 비정상 범주에 속한 사람들은 다시 문제 유형에 따라 분류의 대상이 되며, 그와 같은 '정상성 판단(normalizing judgement)'은 사람들이 자신을 포함한 인간의 사고와 행동을 끊임없이 감시하는 잣대, 즉 사회통제 기제로서의 기능을 수행한다(White, 2012 재인용).

전통사회에서는 신체적, 물리적 금지나 제재 등의 소극적 권력(negative power)이 인간 삶을 통제했다면 현대사회에서는 다양한 사회문화적 가치와 규범의 형태로 나타나는 적극적 권력(positive, constitutive power)이 인간 행위를 통제하고 있다. 그런 의미에서 현대사회에서 인간의 문제는 개인의 행위가 그 사람이 속한 사회와 문화의 기준에 부합하지 않는 데 기인하는 것이다(White, 2012).

〈표 3-2〉 상담문화의 비교: 인간 삶과 문화에 대한 이해 방식

구조주의~과학적 이해방식	포스트구조주의~내러티브적 이해방식
유사점	차이점
패턴	즉흥성, 예측불가
일반화	맥락화
기능-역기능	독특성
정상-비정상	선호, 지향
질병-치료	삶의 조건
전문가	당사자
객관화, 대상화	주체성, 주도성

주의: 이 비교표에 나타난 이분적 논리는 포스트구조주의 관점에 대한 이해를 돕고자 불가피하게 적용된 것임을 밝혀 둠.

2) 내러티브적 이해방식

앞과 대조적으로 내러티브 방식에서는 우리가 알 수 있는 것은 즉각적이고 일상적이며 구체적이고 개인 차원의 이해라고 본다. 이야기 형태로 표현된 그 이해가 복잡한 실제의 일부를 보여 주는 것에 불과할지라도 그러하다는 것이다. 그 이야기들은 누군가의 기억을 중립적 언어로 표현해 놓은 결과가 아니라, 그 사람에게 영향력을 행사한다. 우리는 자신의 삶과 삶의 방식에 대해 스스로에게 이야기하고, 그 이야기는 우리가 앞으로 자신에게 하게 될 이야기와 계속 영향을 주고받는다. 즉, 그 내러티브들은 하나의 매트릭스가 되어 인간이 자기 삶에서 벌어지는 일들과의 관계나 입장을 정리하고 재정리(repositioning)하는 도구가 된다.

그 때문에 이야기치료에서는 경험적 지식 혹은 당사자 지식 (experiential/local knowledge)의 중요성을 강조한다. 인간 현실에 관한 가장 완전한 가설을 구하는 과정에는 과학적 지식은 물론 '당사자' 지식도 필요하다는 것이다. 그 이유는 바로 당사자 지식이 구체적이고 경험적인 이야기 형태의 지식으로서 관심사에 대해 정확하고 독특하며 체험을 토대로 한 정보를 제공하기 때문이다(Payne, 2006).

그런 의미에서 그 지식은 보편적 콘텐츠가 아닌 당사자에게 의미가 있는, 당사자의 경험에 토대를 둔, 당사자의 지향을 내포하는, 혹은 당사자가 선호하는 삶의 지식이다. 그래서 경험의 주체가 되는 당사자는 곧 자기 문제의 전문가이고, 그 지식은 곧 자기 문제해결을 위한 전문지식이 되는 것이다. 당사자 지식에는 인간 삶의 정상성을 판단하는 보편 기준의 개념이 존재하지 않는다(이선혜, 2008).

이상과 같은 패러다임 차이 때문에 내러티브 상담자는 구조주의 접근으로 분류될 수 있는 상담 방식들이 갖고 있는 특정한 문화에 대해 비판하면서, 그와 차별되는 심리상담 문화를 조성하는 데 의식적인 노력을 기울인다. 모든 인간 행위가 사회문화적 산물이듯, 심리상담 역시 문화적 산물로서 권력관계의 영향으로부터 완전히 자유로울 수 없다. 따라서 상담자는 내담자와의 관계에서 권력의 작용을 최대한 경계하기 위해, 탈중심적이면서도 영향력 있는 입장(de-centered but influential position)을 유지해야 한다 (White, 1998).

4장
이야기치료 원리

1. 기본 전제

인간 존재와 인간 삶에 대한 이야기치료의 기본적 입장은 무엇인가? 내러티브 상담자는 인간이 나고 자라고 살면서 경험하는 것들을 어떤 방식으로 바라봐야 하는가? 또 내담자 상황을 이해하고 그 사람과의 파트너십 안에서 그의 어려움을 다루어 나가는 조력의 과정을 이야기치료 방식으로 진행하기 위해서는 어떤 시각을 유지해야 하는가? 이야기치료를 개발한 White와 Epston은 앞 장에서 소개한 포스트모더니즘과 포스트구조주의에 관련된 다양한 철학적 사상으로부터 이에 대한 통찰을 구하고자 하였다. 이야기치료의 나침반이 될 수 있는 대표적 전제들을 몇 가지 소개하면 다음과 같다(정문자 외, 2018; Mann & Russell, 2004).

1) 인간은 해석하는 존재이다

인간은 다른 생명체와 달리 자신의 경험을 만들어 내고 해석하는 존재이다. 여기서 해석(interpretation)이란 Ricoeur와 같은 포스트모던 저자들의 의미로 사용된 것으로, 세계를 있는 그대로 이해하는 것이 아니라 (실제로 불가능하거니와) 선입견(preconceptions)이라는 렌즈를 통해 이해하는 방식을 의미한다(Payne, 2006). 전문가가 타인이 경험한 것의 의미를 설명해 주거나 누군가 심리학 이론을 자신의 삶에 적용하는 활동을 의미하는 것이 아니다.

2) 경험은 사회적으로 구성된다

개인이 자신의 경험에 부여하는 의미는 특정한 사회적, 문화적, 역사적 맥락의 영향을 받는다. 사회적 전제는 개인이 자기 자신을 바라보는 방식에 영향을 미치고, 개인은 그에 따라 자신의 경험을 해석한다. 그 때문에 동일한 사건이라도 개인이 처한 사회문화적 위치(성, 인종, 계층 등)에 따라 그 의미가 달리 해석되고 그런 의미에서 각자의 경험은 독특한 동시에 사회적이다.

3) 정체성은 사회적으로 구성되고 재구성된다

인간의 자기 정체성은 사회적 산물로서 타인과의 상호작용 속에서 지속적으로 재구성된다. '나는 누구인가, 나는 어떤 사람인가?'에 대한 개인의 생각은 타인이 나를 어떻게 바라보는지, 내가 타인과의 관계 속에서 나 자신을 어떤 식으로 경험하는지에 의해 지속적으로 영향을 받고, 이 과정 속에서 개인은 자기 정체성에 관해 잠정적으로 결론 내리기를 반복한다.

4) 사람과 문제는 별개이다

문제가 되는 것은 문제이지 사람이 아니다(Problem is the problem, not the person). 문제는 개인의 특징(성별, 인종, 성격특성, 장애, 정신적 상태 등)을 범주화하고 판단하는 사회적 담론에서 비롯되는 것이기 때문에, 문제가 그 사람의 정체성(사람됨)과 동일시될 수 없다.

5) 이야기는 삶이고 삶은 곧 이야기이다

프랑스 철학자 Sartre는 자신의 자서전에서 "인간은 타고난 이야기꾼이다. 인간의 삶은 자기 이야기와 다른 사람의 이야기에 둘러싸여 있고, 자신에게 일어나는 모든 일들을 그런 이야기의 시각에서 바라보며, 마치 그 이야기들을 확인이라도 하듯 그에 따라 자기 인생을 살려고 한다."(Sartre, 1964)고 지적하였다. 개인의 삶의 이야기는 개인적인 동시에 사회적인 해석이며, 거기에는 그 인생이 어떤 인생인지(주제), 그 인생의 주인공은 어떤 사람인지(정체성)에 대한 잠정적 결론이 담겨 있다. 그러한 결론은 다시 미래에 대한 어떤 선택의 기준이 되면서 미래 삶의 방향을 결정한다.

6) 삶은 복합적인 이야기이다

인간 삶은 다양한 목적을 가진 복합적 이야기이다. 인간 삶은
여러 겹으로 구성된 여러 가지 이야기로 이루어져 있으며 거기에
는 다양하고 복합적인 목적들이 깃들어 있다. 누군가 자기 인생이
'우울'하고 '희망' 없다고 말할 때, 그것은 그 사람 인생의 전체 이
야기 가운데 일부에 불과하다. 나머지 이야기에는 그와 결이 매우
다른 대조적 이야기들이 존재하게 마련이다.

7) 인간은 능동적인 행위자이다

인간은 자기 삶에서 무언가를 지향하며 사는 존재이다. 개인
이 자기 삶에서 의도적으로 추구하는 것, 즉 의도상태(intentional
states)에는 자질, 의도, 목적, 희망, 가치, 헌신 등 다양한 차원의
것들이 포함된다. 개인은 이 같은 지향이나 목적에 따라 행동하고
그 행동이 다시 그러한 지향을 강화하는, 이 같은 과정 속에서 자
신의 정체성을 구성해 나간다.

2. 문제 형성 및 해결 이론

1) 문제 형성에 관한 입장

사람은 자기 인생을 이야기할 때 자기가 살면서 겪은 여러 사건 중 특정한 것들을 선택하고 연결하여 이야기를 전개한다. 어떤 사건을 선택하고 그것을 어떻게 이해할지는 개인이 가지고 있는 세계관이나 해석틀, 다시 말해 인간 삶을 바라보는 개인의 방식에 달려 있다. 이 해석틀은 하나의 선입견으로서, 그 사람 과거의 주관적 경험, 그로 인해 형성된 태도나 입장, 그리고 그 사람이 속한 미시, 거시 수준의 사회와 문화에서 통용되는 규범이나 관행의 영향 속에서 총체적으로 구성되는 것이다. 이렇게 구성된 선입견의 렌즈를 통해 사람은 자신에게 일어나는 삶의 사건들을 해석하고 그것에 의미를 부여한다. 때로는 혼자서, 대부분의 경우는 다른 사람과의 관계 속에서 경험을 해석하는 행위를 지속한다. 이와 같은 해석의 결과가 바로 자기 삶의 이야기이다.

내담자 삶의 이야기는 자기 정체성, 대인관계, 나아가 삶 전체를 보여 주는 여러 가지 이야기로 이루어져 있다. 그중 어떤 것은 다른 것에 비해 우세한 경향이 있는데, 우세한 혹은 지배적 이야기가 당사자에게 자부심이나 만족감을 주는 이야기이고 사회적으로도 높이 평가되는 이야기라면 다행이다. 그러나 누군가에 대한 지배적 이야기가 문제로 가득 찬 이야기라면 그것은 문제가 된다.

문제 이야기는 문제의 힘에 눌려 사람이 자기 삶을 주도적으로 살아가지 못하는 이야기로, 개인적, 사회적 차원에서 초래된 여러 불편한 결과들을 보여 주는 이야기이다. 그런 이야기는 한 인간으로서 내담자의 정체성이 빈약하게 그려지는 이야기며 이야기를 듣는 사람이 그 사람의 삶과 정체성에 대해 불가피하게 부정적 결론을 내리게 되는 이야기이다.

문제 이야기는 처음에는 부모나 양육자 등 내담자에게 영향력 있는 존재가 내린 판단에서 비롯되기도 한다. 예를 들어, 성장기에 부모에게 '게으르다.'는 말을 지속적으로 듣게 되면 우리는 자신을 게으른 존재로 인식하게 될 것이고, 그 말은 다른 삶의 경험들과 함께 자기 이야기 속에 엮인다. 게으름이 계속 성장하여 그 사람에 대한 지배적 이야기의 일부가 되면 내담자 스스로 자신을 바라보는 방식에 그리고 그가 미래에 타인들과 어떤 관계를 맺게 될지에 영향을 미친다. 그런 이야기가 문제가 되는 이유는 주변에서 회자되면서 그 사람에 대한 평판(정체성)을 만들어 내어 그 사람의 사회적 관계에 영향을 미칠 뿐만 아니라, 본인조차도 그 이야기와 그 이야기 속에 들어 있는 빈약한 정체성을 자신에 관한 진실로 받아들이는 데 있다.

내담자의 빈약한 정체성은 개인의 해석틀 속에서 구성된 것인 동시에 사회적 시선과 규범의 영향을 받아 만들어진, 사회적으로 부여된 것이기도 하다. 나아가 전문가들 사이에 만연한 정상과 비정상에 관한 담론 또한 법과 제도에 의해 재생산되면서, 그 사람의 빈약한 정체성, 즉 그 사람에 대한 부정적 결론은 점점 '진실'로 굳어진다(White, 2012).

'진실'로 자리 잡은 문제적 이야기는 내담자의 정체성을 더욱 빈약하게 하는 선택으로 내담자를 이끌면서 내담자 삶에서 가능성을 차단하고 당사자가 주체적으로 자신의 선호하는 삶을 살아나가는 데 걸림돌로 작용한다. 간단히 말해, '진실'로 굳어진 빈약한 이야기는 과거 경험을 해석하는 틀로 작용하는 것은 물론 미래 선택을 결정짓는 틀이 되어 버린다. 문제 이야기를 대안 이야기로 재구성해야 하는 이유이다.

2) 문제 해결에 관한 입장

삶은 텍스트이고 텍스트는 삶이다(Sherman & Reid, 2003, pp. 195-237). 빈약한 과거 이야기가 빈약한 현재와 미래 이야기로 이어지는 것과 마찬가지로, 풍부한 과거 이야기는 풍부한 현재와 미래 이야기로 발전할 가능성이 있다. 내담자의 성장과 발전을 저해하는 내담자의 문제적 내러티브를 조명하고 해체하는 대화를 시도해야 하는 이유가 여기에 있다. 이야기치료의 목표는 문제로 가득한, 화자의 빈약한 정체성이 담겨 있는 문제 이야기를 그와 대조가 되는, 풍부한 정체성을 담고 있는 이야기로 재구성하는 것이다. 내담자의 선호하는 이야기가 발달하는 과정에서 내담자 자신과 주변 사람들이 갖고 있는 내담자의 모습이 새롭게 구성되고 결과적으로 문제 이야기의 힘이 약화된다.

이를 위해 무엇보다 상담자는 사람이 자신의 경험을 이해(해석)

하고자 할 때 생물학적 유전이나 심리적 요인의 렌즈가 아니라 사회적이고 문화적인 렌즈를 통해 바라본다는 점에 주목할 필요가 있다. 이 렌즈를 이루고 있는 것은 우리가 속한 집단과 사회에서 당연시되는 가치와 전제이다. 그것들은 우리 지각에 자연스럽게 녹아들어 일상적으로 사용되기 때문에 눈에 잘 보이지 않는 것을 특징으로 한다. 그러나 그 같은 가치와 전제가 절대적인 것은 아니다. 그것이 무엇인지 파악하고, 그것이 어떻게 작용하는지 분석하며, 그것을 계속 수용할 것인지는 우리의 선택이기 때문이다 (Payne, 2006).

　사람을 문제시하는 관행은 문제가 개인 내면에 존재하는 자기 (self)의 역기능에서 비롯되는 것으로 보는 실천 방식에서 오는 것이다. 상담자는 내담자의 삶의 이야기가 복합적이라는 전제하에 그동안 간과되고 망각되어 왔으나 잠재적으로 의미 있는 사건들, 내담자가 선호하는 사건들에 초점을 두고 이야기를 풀어 나간다. 내담자 이야기 속에 엿보이는 내담자의 삶의 지식과 기술은 무엇인가? 그런 이야기를 통해 알 수 있는 내담자의 삶의 지향이나 목적은 무엇인가? 그러한 지식과 기술이 내담자 삶의 목적이나 비전과 어떻게 연결되는가? 이러한 대화는 문제로 가득 찬 이야기 외에 내담자가 선호하는 다양하고 복합적인 이야기가 풍부하게 발달하도록 한다.

　이러한 작업은 내담자를 바꾸는 것이 아니라, 내담자와 문제 사이의 관계를 바꾸는 것이다. 문제로 가득 찬 이야기를 문제없는 이야기로 대체하는 '이야기 절제술(story-ectomy)'을 시행하는 것이 아니라, 새로운 정체성을 풍부하게 기술(thick description, Geertz, 1973)하는 작업이다(Gehart, 2014). [그림 4-1]은 상담이 진행됨에 따라 스티그마(Goffman, 1966)로 대변되는 내담자의 빈약한 정체성이 약화되는 동시에 대안적 정체성이 점진적으로 발달해 가는 과정을 보여 준다.

대안적 내러티브를 가지게 된 내담자는 이제 자신이 선호하는 가치에 따라 무언가를 선택하고 실행에 옮길 수 있는 단계로 들어간다. 그러면서 자신이 선호하는 방향으로 자신의 이야기를 더욱 발달시켜 나갈 수 있게 된다(정문자 외, 2018). 이 과정에서 내담자는 단기적으로는 문제가 자신의 삶과 정체성에 미치는 부정적 영향이 감소함을 경험한다. 중장기적으로는 대안적 정체성이 발달하면서 삶의 주체로서의 의식(personal agency)과 실행력이 향상됨을 경험한다.

대안적 내러티브의 지속적 발달을 효과적으로 지원하기 위해 상담 후반부에서 정의예식 기법(이 책 제6장 참조)을 사용할 수 있다. 이는 새롭게 구성된 대안적 내러티브가 상담실 밖 내담자 삶에 존재하는 이들에게 공유되고 인정받도록 하기 위해서이다. 새로운 내러티브는 내담자 삶의 현실에 새롭고 낯선 사건과 관계를 만들어 내는 동력이 되고, 그러한 관계는 내담자의 현재와 미래 삶이 재구성될 수 있는 여지와 기회를 열어 준다. 인간의 정체성은 성장과정에서 자연적으로 발달하는 것이 아니라 사회적 관계 속에서 지속적으로 재구성되는 것이기 때문이다.

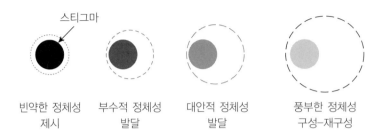

스티그마

빈약한 정체성	부수적 정체성	대안적 정체성	풍부한 정체성
제시	발달	발달	구성-재구성

[그림 4-1] 정체성 재구성 과정

출처: 이선혜, 김민아, 서진환, 송영매(2018), p. 163.

3. 전문적 관계

1) 탈중심적 자세(decentered position)

내러티브 상담자는 탈중심적이면서도 영향력 있는 자세 (decentered and influential position)를 취해야 한다(White, 2004; White, 2012, p. 65). 이 같은 자세를 취한다는 것은 대화의 주제를 선택하거나 개입을 주도하는 것과 거리가 멀다. 질문과 반영을 통해 내담자가 대안적 삶의 내러티브를 보다 풍부하게 이야기하고, 삶에서 간과되었던 영역에 발을 들이고 탐색하는 것을 의미한다. 또한 새롭게 발견한 삶의 지식과 기술 가운데 현재의 문제, 곤경, 우려를 다루는 데 적절한 것들이 무엇인지, 내담자 스스로 그 같은 지식과 기술에 친숙해지도록 돕는다는 의미이다(White, 2001b).

내러티브 상담자의 이러한 자세는 흔히 스캐폴딩(scaffolding)

작업에 비유된다. 스캐폴딩이란 건물이나 큰 구조물을 신축하거나 보수할 때 인부와 자재를 지지할 목적으로 쇠파이프나 각목 등을 체계적으로 둘러친 임시구조를 말한다. 스캐폴드는 공사 진행 및 안전에 필수적이고 공사가 진행되면서 그 규모가 같이 커진다. 그러나 공사가 완료됨과 동시에 모두 제거된다.

이야기치료의 과정을 내담자 이야기를 새로 집필하는 작업에 비유하자면, 내담자는 이야기의 줄거리와 자료를 가져오는 주체이고 상담자는 그 자료를 엮는 기술을 제공하는 사람이다. 공사가 완료되었을 때 스캐폴드가 다 해체되는 것처럼, 내담자의 대안 이야기가 만들어진 이후에 그 이야기는 오롯이 클라이언트의 이야기로 남게 된다. 그런 의미에서 내담자는 자기 이야기에 관한 한 주 저자이며 상담자는 내담자가 선호하는 자기 이야기를 써 나가는 과정을 촉진하고 지원하는 공동저자이다(White, 2012).

2) 윤리적 책임

이야기치료에서 상담자는 클라이언트가 자기 삶의 주체로서 자신의 바람과 지향에 따라 자신의 행보를 결정하고 경로를 선택하는 삶을 살 수 있도록 지원하는 사람이다. 그 바람과 지향이 무엇이 될지, 어떤 행보와 경로를 택할지, 왜 그러한 선택을 하는 것인지는 모두 내담자의 몫이다. 그러나 이 과정에서 내담자의 바람과 지향, 선호하는 행보와 경로가 잘 드러나도록 하는 것은 전적으로 상담자의 전문성과 책임성 영역에 속하는 사안이다.

이 같은 목적을 달성하기 위해 상담자는 점진적 대화의 과정을 통해 내담자 내러티브의 발달을 촉진한다. 이때 상담자는 지도(map)라 부르는 대화 지침에 따라 특정한 질문을 특정한 순서대로 던지고 내담자의 대답을 이끌어 내는 데 주도적 역할을 수행해야 할 책임이 있다. 이 과정을 거쳐 상담자는 내담자가 선호하는, 내담자의 주체성을 향상시키는, 내담자를 임파워시키는 주제를 중심으로 내담자 내러티브를 풍부히 발달시킨다. 이렇게 만들어진 내담자의 대안적 내러티브는 내담자 고통의 감소나 해소, 향후 삶의 비전(방향)이나 행동 어젠다를 도출하는 작업과 긴밀하게 연결되어야 한다.

Freedman과 Combs는 윤리적 실천에 관한 상담자들의 성찰을 돕기 위해 '당신의 상담모델은 윤리적인가'라는 질문을 던진다(p. 65 참고). 이 질문들은 상담자에게 전문적 관계에 대한 다양한 생각을 불러일으킨다. 상담자 자신은 어떤 질문에 주목이 되고 또 어떤 성찰을 하게 되는지, 만일 동료들이 이 질문을 받게 되면 어떤 반응을 보일지 생각해 보자. 이 질문지에 답하는 과정에서 상담자는 아마도 다음을 포함하는 여러 가지를 성찰하는 기회를 갖게 될 것이다.

첫째, 개인의 정체성은 사회적으로 구성된다. 이런 입장은 내담자 삶이 역사, 문화, 젠더, 성적지향, 계층 등 다양성 요소의 영향을 받는다는 사실을 분명히 인식하게 하고, 전문적 관계에서 그 같은 권력의 작용을 경계하도록 한다(White, 1997a).

둘째, 개인의 정체성은 내면에 고정된 것이 아니라 인간관계를 통해 생성되는 것이다. 이러한 입장은 상담을 통해 재구성된 내담자의 정체성을 상담자와 내담자 사이에 한정시키는 것이 아니라, 누군가가 대면 또는 문서를 통해 직간접적으로 목격할 수 있도록 상담자가 적극적 역할을 수행해야 함을 의미하는 것이다(White, 1997a).

셋째, 내담자를 이해함에 있어 상담자는 객관적이고 중립적인 판단을 하기가 매우 어렵다. 이를 숙지하는 것은 상담자가 자신의 관점을 점검하고 자신의 생각이나 가치관을 내담자에게 강요하지 않도록 예방하기 위한 자극제가 된다(White, 1997a).

참고 **당신의 상담모델은 윤리적인가**

- 이 모델은 인간의 자기(self)와 인간관계에 대해 어떤 입장을 갖고 있는가?
- 이 모델은 내담자를 대할 때 어떤 식으로 행동하라는 암시를 주는가?
- 이 모델은 내담자가 상담자를 대할 때 어떤 식으로 행동해야 한다는 암시를 주는가?
- 이 모델은 내담자가 자기 자신을 어떻게 보고 어떻게 취급하도록 하는가?
- 이 모델에서 내담자는 어떤 식으로 재설명되거나 재정의되는가?
- 이 모델은 내담자로 하여금 치료자와 자신들 가운데 누구를 그들 문제에 대한 전문가로 놓고 있는가?
- 이 모델은 내담자들을 가르고 소외시키는가, 아니면 공동체 의식과 협력심을 심어 주는가?
- 상담 질문들이 새로운 것을 생성해 내는가, 아니면 규범적 방향으로 흐르는가? (특히 그 질문들이 삶을 특정한 방식으로 규정짓는 역할을

하는 것인지, 혹은 만병통치약 구실을 하는 데 목적이 있는 것인지)

- 이 모델은 상담자로 하여금 전문가 지식의 세계로 들어가도록 하는가 아니면 내담자의 세계로 들어가도록 하는가?
- 이 모델에서 말하는 '전문성'의 정의는 무엇인가? 이 모델의 전문성이 동료들과 타인들 앞에서의 상담자 모습을 의식한 것인가 아니면 내담자와의 관계에서 상담자 모습에 초점을 둔 것인가?

출처: 이선혜(2008).

5장
이야기치료 과정

1. 사례개념화

사례개념화란 내담자의 호소문제를 기술하고 이론을 기초로 문제의 원인과 유지 요인에 관한 설명을 도출하는 상담자의 행위이다(Reiter, 2016). 이는 내담자가 처한 상황을 적절히 이해하기 위해 가능한 한 많은 정보와 자료를 모으고 분석하는 작업으로, 개입의 근거를 확보하기 위한 것이다. 사례개념화는 일반적으로 상담 초기에 검사 등 객관적 자료를 수집하고 분석하는 과정을 통해 이루어진다.

이야기치료에서 사례개념화는 포스트모더니즘과 포스트구조주의 관점에서 내담자에 대한 지배적 내러티브를 경청하고 해체하는 작업이다. 특히 내담자가 제공하는 주관적 자료를 토대로 그 내용과 질을 분석하는 작업이라 할 수 있다. 이를 위해 상담자는 내담자가 호소하는, 문제로 가득 찬 이야기를 청취하면서, 사회문화적 맥락 속에서 내담자 상황에 대한 이해를 구한다. 이 과정에서 내담자 내러티브에 깔려 있는 지배적 담론이 무엇인지, 그것이 내담자 삶과 정체성에 어떤 영향을 미치고 있는지, 그에 대한 내담자 입장은 무엇이며 어떤 가능성이 존재하는지 등을 파악한다.

이러한 작업은 상담 초기에 상담자와 내담자가 주고받는 문답을 통해 상당 부분 이루어지나 새로운 문제적 텍스트가 등장하면 그 이후에도 진행된다. 또한 이야기치료는 규범적 판단을 위한 검사 등을 실시하지 않기 때문에 여타 상담접근과 달리 상담 초기부터 치료적 개입을 실시할 수 있다. 이 장에서는 사례개념화, 즉 문제적 내러티브를 해체하는 과제에 접근할 때 상담자가 주목해야 할 네 가지 영역(Gehart, 2014)을 소개한다.

1) 문제 이야기

상담 초기에 내담자 스스로가 하거나 주변 사람이 내담자에 대해 하는 이야기는 소위 '문제로 가득 찬 이야기'이다. 문제로 가득 찬 이야기의 특징은 내담자가 주도성을 발휘하지 못하고 오히려 문제가 내담자를 좌지우지하는 내용이 주를 이룬다는 점이다. 문제로 가득 찬 이야기를 다른 말로 지배적(우세한) 이야기라 부르기도 하는데 내담자에 대한 여러 버전의 이야기 가운데 널리 알려진 버전의 이야기(특히, 부정적인)라는 의미이다. 주변 사람은 물론 당사자조차도 그 이야기를 자기 이야기로 받아들이는 그런 이야기이다.

상담자는 내담자의 지배적 이야기를 청취하면서 ① 개인적 차원(일, 건강, 정서, 사고, 신념, 정체성, 신과의 관계 등), ② 대인관계 차원(부모, 배우자, 자녀, 친구, 동료, 교사 등)의 두 가지 차원에서 문제가 내담자에게 어떤 영향을 미치고 있는지에 주목한다. 특히 내담자가 자기 자신에 대해 어떤 이미지를 갖고 있는지, 내담자가 자기 인생에 대해 어떤 생각이나 입장을 갖고 있는지, 혹은 주변 사람들이 내담자의 존재 가치나 사람됨 등에 대해 어떤 결론을 내리고 있는지 등에 주목한다.

2) 독특한 결과

독특한 결과란 문제 이야기와 대조가 되는 이야기를 말한다. 문제 이야기 속에 보이는, 문제에 좌지우지되거나 내담자가 불만스러워하는 자신의 모습과 대비되는 다른 모습, 즉 문제에 대해 뭔가 주체적 입장이나 행동을 취하는 모습이 들어 있는 이야기를 말한다. 이런 이야기는 대안적 결말을 보여 주는, 다시 말해 문제가 덜하거나 내담자가 문제 감소에 효과적이었던 경험을 담은 부수적 이야기로서, 상담자가 문제이야기를 세심하게 청취하는 과정에서 발견할 수 있다.

독특한 결과는 문제로 가득 찬 이야기 사이사이에 위치하고 있어 쉽게 인지되지 않는 특징이 있다. 극적 결말도 없고 주목할 만한 성과가 담긴 이야기도 아니다. 그래서 내담자 마음속이나 주변 사람들 사이에서 이야기로 만들어지지 못한 채 그냥 묻혀 버리는 이야기이다. 그런 의미에서 독특한 결과를 찾는 작업은 '솔밭에서 바늘 찾기'라는 우리 속담을 연상시키는 일이다. 독특한 결과는 내담자가 선호하는 삶을 만들어 내고 선호하는 자기 정체성을 발달시키는 단초가 되기 때문에 상담자의 각별한 관심과 주의가 요구된다.

3) 사회문화적 담론

상담자는 내담자의 이야기를 경청하면서 문제 발생과 문제 지각에 이론적 근거를 제공해 온 전제들, 즉 사회적으로 당연시되는 문화적, 젠더적 전제에 주목한다. 모든 담론은 해당 문화의 사회적 상호작용을 조직하는 '선한 것'과 '가치 있는 것'을 파악하는 데 목적이 있다. 모든 문화는 지배적인 담론의 집합체로서, 사회적 규칙과 가치의 형태로 사람들에게 의미 있는 상호작용을 유도한다(Gehart, 2014).

지배적 담론은 인간의 삶이 어때야 하는지에 관한 사회적 이야기이다. 예를 들어, 소위 행복한 사람은 좋은 직장에 다니고, 적령기에 결혼하여 자식 낳고, 내 집에 살면서 좋은 차를 타고 다니는 사람이다. 우리가 이러한 행복관에 동의를 하든 하지 않든, 이러한 게임에 끼든 아니면 사회적 또는 신체적 조건 때문에 아예 끼지도 못하든 문제는 발생한다. 상담자는 문제 지각에 직접적으로 영향을 미치는 지배적 담론이 무엇인지를 면밀히 경청한다. 그러고 난 뒤 상담자는 다음과 같이 내담자의 당사자(local) 담론이나 대안적 담론에 대해 질문한다(Gehart, 2014).

4) 당사자 담론, 대안적 담론

당사자 담론(지식), 대안적 담론이란 지배적 담론에 맞지 않는 담론을 말한다. 그것은 예를 들어, 자식을 갖지 않기로 한 부부, 동성커플, 셰어하우스 거주, 졸혼 등이다. 당사자 담론은 지배적 담론에 그려져 있는 것과 다른 '선한 것' '당연한 것' '가치 있는 것'의 집합이다. 예를 들어, 십대들은 기성세대와는 다른 미적 기준, 성적 규범, 어휘, 규칙 등의 하위문화를 만든다. 십대 문화는 상담자가 십대들과 접속할 수 있는 대안적 담론이다. 그들의 세계관과 가치를 이해하고 이러한 대안적 담론이 지배적 담론과 성공적으로 공존할 수 있는 방법에 관해 십대들과 함께 탐색할 수 있다. 그런 의미에서 당사자 담론은 자기(self)를 바라보는 새로운 방식을 생성하고 문제 주변에 있는 다른 이들과 대화하고 상호작용하기 위한 자원이 될 수 있다.

상담지침 **이야기치료의 사례개념화**

동성애 선호가 있는 여성 내담자가 자녀와의 관계로 상담자를 찾아왔다. 내러티브, 지배적 담론, 다양성 관점에 기초하여 이 사례를 다음과 같은 방식으로 이해할 수 있다.

- 문제 정의에 영향을 미치는 문화적 담론

  내담자의 문제와 해결책을 정의하는 데 있어 문화, 하위집단, 사회경제적 계층, 종교 등 핵심적인 문화적 담론이 어떻게 영향을 미치고 있는가?

  (내담자는 자신이 외형적으로는 '정상'이지만 내면적으로 '비정상'이라 느끼고 있음.)

- 젠더, 성적 지향 등

  내담자의 문제와 해결책을 정의하는 데 있어 젠더, 성적 지향 등이 어떻게 영향을 미치고 있는가?

  (내담자가 이성에서 동성으로 친밀관계를 전환한 것이 자녀에게는 '정상'으로 여겨져 왔는데 성장과정에서 점진적으로 전개되었기 때문임. 그러나 자녀는 이제 자기 고유의 성적지향이 발달하면서 혼란과 당황 속에 있음. 모녀 모두 여성 대 여성 관계에서 가장 안전함을 느낌.)

- 환경맥락, 가족, 지역사회, 학교, 기타 사회적 담론

  내담자 문제와 해결책을 정의하는 데 있어 다른 중요한 담론들이 어떻게 영향을 미치고 있는가?

  (자녀는 현재 자기가 다니는 고등학교가 사려 깊은 성찰을 하는 자신의 성향을 알아 주는 곳은 아니나 '어울리기' 위해 노력 중임.)

- 정체성, 자기 내러티브

  내담자의 문제가 내담자의 정체성 구성 과정에 어떻게 영향을 미치고 있는가?

  (고등학교에 입학하고 엄마의 파트너가 이사 들어오면서, 자녀는 모든 사회적 영역에서 점점 더 주변화됨을 느낌.)

- 당사자가 선호하는 담론

  내담자가 선호하는 정체성 내러티브는 무엇인가? 문제에 관해 내담

자가 선호하는 대안적 담론이 있는가?

(내담자는 자녀가 "나이에 비해 철이 들었다."면서 다른 애들처럼 '가볍고' '판단적'이지 않아 또래와 어울리기가 어렵다고 설명함. 내담자는 항상 자녀를 아이가 아니라 동료로 보는 경향이 있음. 내담자 가족은 동성커플이라는 이유로 지속적 차별을 경험하고 있음. '다름'에서 발생하는 일들이 가족성원 모두에 영향을 미침.

내담자 관점

• 의견 일치 영역: 내담자 설명에 비추어 볼 때 앞의 사정에 대해 내담자가 동의하거나 동의할 가능성이 있는 부분은 무엇인가?

(모녀 모두 자녀의 우울증이 파트너의 합류와 자녀의 전학에서 비롯되었다고 보고 있음.)

• 의견 비일치 영역: 내담자 설명에 비추어 볼 때 내담자가 동의하지 않거나 동의하지 않을 가능성이 있는 부분은 무엇인가? 그 이유는?

(모는 자신이 자녀와 적정 수준의 거리를 유지하고 있으며 자녀가 나이에 비해 성숙하기 때문에 동료처럼 대해 오길 잘했다고 느끼고 있음.)

• 잠재적으로 의견이 일치하지 않는 영역에 대해 어떻게 하면 내담자를 존중하는 방식으로 함께 할 수 있을까?

(원인을 찾거나 비난 대상을 지정하기보다 자녀에게 좀 더 도움이 되도록, 모녀 간에 현재와 다른 방식의 관계를 고려하도록 하기)

출처: Gehart (2014), p. 435 재구성.

2. 상담 목표

이야기치료의 목표는 내담자의 삶에 관한 문제적 내러티브를 내담자가 선호하는 내러티브로 재구성하는 것이다. 인생은 텍스트이고 텍스트는 곧 인생이라는 포스트모던 사고에 기초할 때 (Sherman & Reid, 2003, pp. 195-237), 인생에 변화를 가져오기 위해서는 인생 텍스트에 변화가 필요하다. 상담자는 문제로 가득 찬 내담자의 지배적 이야기를 탐색하면서 색다른 가능성을 품고 있는 부수적(이 단계에서는 아직 내담자에 대한 우세한 이야기가 되지 못하는) 이야기를 발달시키고 그것이 점차 대안 이야기로 풍부하게 발전해 가는 과정을 지원한다.

잘 발달된 내러티브는 문제에 지배당해 온 내담자의 작인감 (sense of agency), 즉 자기 인생에 스스로 영향을 미칠 수 있다는

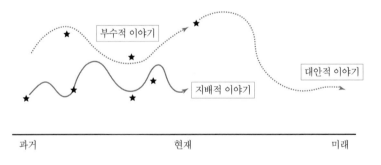

[그림 5-1] 이야기치료의 목표 : 대안적 내러티브 및 정체성 구성

출처: 정문자 외(2018), p. 375.

느낌의 증가를 가져온다. 이러한 느낌의 증가를 임파워먼트라는 용어로 달리 표현할 수 있으며, 이로 인해 내담자와 문제의 관계를 수정하는 것이 가능해진다. 풍부한 내러티브 발달은 풍부한 정체성 발달로 이어지면서 이후 내담자의 주체적 행보를 가능케 하는 원동력이 된다.

3. 상담 과정

1) 개관

(1) 상담대화의 구조

이야기치료의 과정은 대략적으로 문제의 해체, 독특한 결과의 해체, 대안 이야기 구축, 대안 정체성 구축의 순으로 이어진다 (p. 78 참조). 회기를 거듭하면서 내담자 문제에 대한 정의가 재구성되고 내담자 삶의 이야기가 재구성되며 종국에는 내담자 정체성이 재구성되는 방향으로 진행된다. 다른 상담접근에서는 먼저 검사 등을 포함하는 사례개념화 작업을 수행한 이후에 개입 단계로 들어가는 것이 일반적이나, 이야기치료에서는 초기 평가를 실시하기 위해 객관적 자료를 수집하고 분석하는 단계를 별도로 두지 않는다(Reiter, 2016). 그 때문에 다른 상담접근과 달리 초기 상담을 진행하는 과정 자체가 본격적 치료 과정으로 발전할 수 있다.

예를 들어, 내담자 A와 첫 상담을 시작할 때는 사람과 문제를 분리하고 문제의 내력이나 문제형성의 사회적 맥락을 탐색하면서 대화를 시작할 수 있다. 그러나 내담자 B와는 문제 이야기가 아니라 이제까지 주목받지 못했던 문제해결 지식과 기술을 조명하는 과정에 초점을 둔 대화로 관계를 시작할 수도 있다. 즉, 대화의 시작 방식은 다양할 수 있으나 이후 과정은 모두 내담자의 삶의 이야기를 풍부하게 풀어내는 방향으로 진행된다.

일반적으로 상담의 과정은 '징검다리를 건너듯' 문제 사정, 계획 수립, 실행 순으로 진행된다. 그러나 이야기치료 과정은 상담자와 내담자가 만나는 순간부터 마치 '맷돌을 돌리듯' 이야기를 만들어 내는 과정이 시작된다고 볼 수 있다. 상담자가 질문하고 내담자가 대답하는 과정에서 처음에는 부수적인듯 보이는 이야기가 점차 풍부한 이야기로 발달한다. 그러면서 점차 문제 이야기가 해체되고 재구성되며 빈약한 정체성이 대안적 정체성으로 재구성된다.

이야기치료에서 회기 구성은 매우 유동적이다. 경우에 따라 1~2회에 종결되기도 하고 여러 차례의 회기로 이어지기도 한다. 내담자에게 새로운 일을 생각하고 시도할 수 있는 시간을 주기 위해 회기는 일주일 이상의 간격을 두고 정하는 것이 일반적이나, 내담자와 협의하여 조정할 수 있다. 상담자가 단독으로 진행하는 회기는 대개 50~60분 정도 소요되고, 외부증인집단(p. 131 참조)을 활용하는 경우에는 2시간을 초과하기도 한다. 외부증인집단을 초대한 회기는 상담자 단독으로 진행한 회기에 비해 성과가 훨씬 더 크고 상담 기간을 단축하는 효과가 있는 것으로 평가되고 있다(White, 2012). 치료증서나 편지도 상담횟수를 감소시키는 역할을 한다(Fox, 2003).

(2) 상담대화의 내용

이야기치료의 주된 특징 가운데 하나는 특정한 목적 아래 문답식 대화를 사용하는 점이다. 대화는 어느 상담에나 다 존재하는 것이지만, 내러티브 대화의 목적은 사실적 정보를 수집하고 해석하는 것이 아니라 이제까지 존재하지 않았던 텍스트를 생성해 내는 것이다. 여기서 생성하고자 하는 것은 내담자 경험을 내담자 관점에서 내담자가 선호하는 방식으로 기술하고 해석한 텍스트이다. 상담 대화를 시작하기 이전에는 거의 존재하지 않았으나 상담자와 내담자 간의 문답이 오고 가는 가운데 가시화되는 텍스트이다.

이 텍스트는 내담자의 빈약한 이야기와 대조가 되는 내용의 텍스트이며, 내담자의 빈약한 정체성과 질적으로 다른 종류의 정체성을 엿볼 수 있는 텍스트이다. 예를 들면, 문제이야기에 가려 잘 드러나지 않았던, 내담자가 갖고 있는 의외의 모습에 관한 이야기라든가 어려운 상황이나 사건들 속에서 내담자가 생존할 수 있었던 나름의 전략, 능력, 기술 등에 관한 이야기이다. 즉, 이제까지 내담자에 대해 내담자 자신과 주변에 익히 알려지고 반복적으로 이야기되던 것과 질적으로 다른 이야기이다. 내담자의 새로운 면모(정체성)를 알게 해 주는 근거자료에 해당한다.

이와 같은 성격의 텍스트를 만들어 내기 위해 내러티브 상담자는 특정한 방식으로 내담자에게 질문을 던지고, 내담자는 어쩌면 난생 처음 받아 보는 낯선 질문에 답변하게 되는 상황에 놓인다.

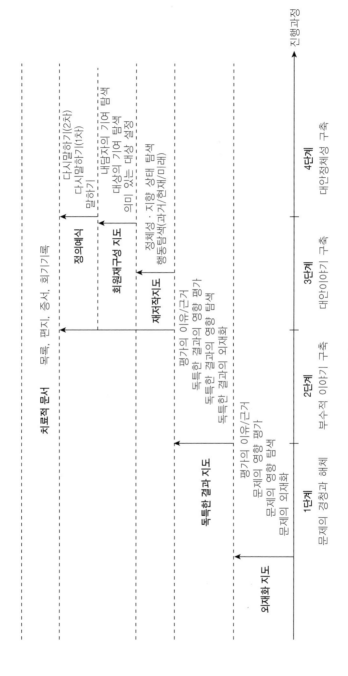

[그림 5-2] 이야기치료의 과정과 대화지도

출처: 정문자 외(2018), p. 377.

일반적으로 상담자는 상담 대화에서 오고 간 구체적 내용 자체보다 그것을 이론적 근거에 비추어 상담자가 해석하고 압축적으로 기술한 임상기록에 의미를 둔다. 반면에 이야기치료에서는 특정 경험이나 사건에 관해 구체적이고 상세하게 펼쳐진(unpacking) 이야기의 단어 하나 문장 하나가 그 자체로 중요한 생성물이다.

이야기치료에서 상담자는 상담 대화의 텍스트를 보다 풍부히 생성해 내기 위해 다양한 대화 기법에 따라 문답을 진행한다. White는 이러한 대화 기법을 가리켜 지도(map)라 부른다. 각 지도는 몇 가지 세부 단계와 단계별 질문으로 이루어지는데, 한 내담자에 대해 모든 지도를 다 사용할 필요는 없다. 또한 각 지도에 제시된 방식 이외에 필요에 따라 한 개 이상의 지도를 혼합하여 사용할 수 있으며, 그 예는 White(2012)에서 찾아볼 수 있다. 이야기치료를 위한 지도는 현재도 지속적으로 개발되고 있으며, 이 책에서는 널리 알려진 것들을 몇 가지를 소개하였다.

2) 단계별 상담 목표와 초점

이야기치료는 앞서 설명한 대로 내담자와의 만남이 시작되는 시점부터 이야기가 펼쳐지는 방식으로 진행되는 특성이 있기 때문에 단계를 구분하거나 단계별 목표를 정하는 데 대해 유연한 입장이다. 그러나 여기서는 이야기치료의 과정에 대한 구체적 이해를 돕기 위해 그 과정을 시작, 중간, 마무리의 세 단계로 나누고 각 단계별로 상담자가 주목해야 할 점들을 짚어 본다.

(1) 시작 단계: 선호하는 정체성 정의하기

이야기치료의 첫 회기는 일상에서 누군가를 만나는 것처럼 '문제로부터 분리된' 내담자를 만나는 것에서 시작된다(Freedman & Combs, 1996). 상담자는 내담자 일상에 친숙해지기 위해 다음과 같은 질문을 활용하여 대화를 개시할 수 있다. 이 같은 질문으로 시작되는 대화는 내담자가 보통 사람으로서 자기 자신을 바라보는 것과 똑같이 상담자가 내담자를 바라보고 알아 가는 과정을 촉진한다(Gehart, 2014).

포스트모던 접근으로서 이야기치료의 목표는 사고, 정서, 행동상의 기능 향상과 관련된 통상적 상담 목표와 거리가 있다. 넓은 의미에서 이야기치료의 목표는 내담자가 선호하는 현실과 정체성의 구현으로 볼 수 있다(Freedman & Combs, 1996). 이런 맥락에서 볼 때, 이야기치료에서 목표설정 작업의 핵심은 '선호하는' 현실과 정체성을 정의하는 것이다. 이 과정은 '이 문제를 없애달라는' 주문으로부터 '내 인생에 뭔가 아름답고 의미 있는 것을 만들고 싶다.'는 차원으로 점차 이동해 가는 과정이다. 이때 상담자는 내담

상담지침 **관계 맺기에 도움이 되는 질문들**

• 무슨 취미 갖고 계세요? 좋아하는 일은 무엇인가요?
• 지금 사시는 동네는 어떤가요?
• 가족이나 친구들에 대해 말씀해 주시겠어요?
• 인생에서 중요한 게 뭐라고 생각하세요?
• 주중에 보통 뭐하면서 지내세요? 주말에는요?

자의 주도성을 격려하면서 내담자가 바라는 현실이 어떤 것인지, 그리고 그것이 내담자 인생에 어떤 영향을 미칠 것인지 탐색한다 (Gehart, 2014).

목표를 정의하는 과정은 내담자마다 고유한 방식으로 진행된다. 문제이야기로 대화를 시작하는 경우 상담자는 상대적 영향력을 질문함으로써 문제가 내담자에게 미친 영향 그리고 반대로 내담자가 문제에 미친 영향을 매핑한다. 또한 문제를 지지하는 지배적 담론 그리고 문제와의 관계 변화에 자원이 될 수 있는 당사자 담론이나 대안적 담론을 파악한다. 특히 문화적 요인, 사회경제적 요인, 젠더, 성정체성, 성적지향, 관련 규범 등이 내담자 삶에 미치는 영향에 주목한다. 그러면서 문제 이야기와 대조가 되는 독특한 결과가 있는지 파악한다. 독특한 결과는 내담자의 선호하는 현실에 대한 단서를 제공해 주기 때문이다.

이와 같은 과정을 통해 상담자는 내담자와 함께 상담 목표를 정의하는데, 그것이 내담자의 문화적, 종교적, 그리고 여타 가치체계에서 비롯되는 가치들을 포함하는 것인지 확인해야 한다. 특히 그러한 생각이 어디서 왔는지, 즉 기성 담론과 당사자 담론이 그러한 생각에 어떤 영향을 미치고 있는지 질문한다. 이러한 해체적 질문은 내담자가 바라는 현실이 어떤 의도에 기반하고 있는지, 그러한 현실이 어떤 결과를 가져오게 될지에 대해 신중히 접근하는 데 도움이 된다. 그 외 의뢰 필요성, 위기 이슈, 주변인 접촉, 기타 내담자 욕구를 파악한다. 내담자의 선호하는 현실을 지지할 수 있는 내담자의 개인적 공동체와 그 속에 존재하는 자원을 파악하며,

필요시 주변인을 접촉한다(Gehart, 2014).

상담지침 **이야기치료의 과정**

- 시작 단계

  목표:

  - 공조관계 및 목표를 수립한다.

  - 내담자의 이야기가 나올 수 있도록 대화를 열어 준다.

  - 문제의 영향과 내력을 파악한다.

  - 문제에 대한 내담자의 영향을 파악한다.

  - 내담자를 문제와 분리하기 시작한다.

  - 선호하는 내러티브나 정체성을 탐색한다.

  개입:

  - 민감한 유형의 질문을 던지기 전 동의를 구한다.

  - 문제를 의인화하는 질문을 던진다.

  - 내담자를 문제와 분리하여 이해하기 위한 질문을 던진다.

  - 문제가 어떤 방식으로 내담자를 끌어들이는지 질문한다.

  - 문제를 외재화하고 대상화하는 언어 표현을 활용한다.

  - 내담자가 문제를 통제한 경험과 방법을 질문한다.

  - 문제와 대조를 이루는 예외나 독특한 결과를 질문한다.

- 중간 단계

  목표:

  - 문제가 발생하는 맥락을 해체한다.

  - 내담자가 문제와 새로운 관계를 맺도록 돕는다.

  - 대안적 내러티브를 찾아내고 풍부하게 발달시킨다.

  - 내담자의 역량과 자기 자신에 대한 지식(self-knowledge)이 드러

    나도록 돕는다.

개입:

- 문제와 대조를 이루는 예외나 독특한 결과에 주목한다.
- 해체질문을 던진다.
- 내담자의 내적상태(자원)와 함께 지향상태(자질)를 탐색한다.
- 선호하는 내러티브나 정체성을 도출하기 위한 질문을 던진다.
- 내담자의 자기 내러티브를 다시 쓰는 작업을 촉진한다.
- 내담자의 대안적 행보를 매주 점검한다.

• 마무리 단계

목표:

- 내담자의 새로운 내러티브를 강화한다.
- 내담자의 새롭고 대안적인, 내담자가 선호하는 내러티브를 널리 알린다.
- 새로운 내러티브를 미래로 확장한다.
- 상담을 종결한다.

개입:

- 상담이 종결된 이후 내담자를 지지해 줄 사람들과 관심공동체를 리크루트한다.
- 새로운 내러티브를 널리 알리기 위해 치료적 문서의 작성을 독려 한다.
- 새로운 내러티브를 미래로 확장하기 위한 질문을 던진다.
- 새로운 내러티브를 지지하는 의식이나 전통이 있는지 확인한다.
- 대안적 내러티브를 풍부히 하기 위해 기념식을 갖거나 증서를 수 여한다.

(2) 중간 단계: 선호하는 내러티브 발달 및 확장하기

이야기치료의 중간 단계에서 상담자의 관심사는 내담자가 선호하는 내러티브의 발달을 안내하고 더욱 풍부히 확장되도록 지원하는 데 있다. 이를 위해 이야기치료의 다양한 대화지도를 활용하여, 앞서 떠오른 문제 이야기와 대조가 되는 이야기들 그리고 그 중 내담자가 선호하는 이야기들을 중심으로 다양하게 탐색하고 발전시킨다. 이 과정에서 문제이야기와 저변의 문화적 전제를 풀어헤치고 문제이야기라는 필터를 통해 걸러진 정보나 관점을 가시화하는 데 주력한다(O'Leary, 1998; Penn, 1998). 또한 새로운 의미의 생성이 새로운 행동으로 연결되고 있다는 어떤 증거가 있는지를 회기 중에 점검한다. 상담자는 이야기치료의 다양한 대화지도(이 책 6장 참조)를 활용하여 다음 예와 같이 내담자의 경험을 해체하거나 점검하고 미래 행보를 제안하는 등의 작업을 수행할 수 있다.

- 대화에 어려움을 겪는 커플이 '최근 갈등이 감소하고 무언가 시도하면 나아질 것 같은' 생각이 들기 시작했다고 보고한다면, 재저작 지도를 활용하여 커플 내러티브가 행동 및 정체성 영역에서 보다 풍부하게 이야기될 수 있도록 지원할 수 있다.
- '유튜브 박사'라는 독특한 결과를 이야기한 아동에게 그 정체성을 활용하여 친구들과 상호작용 기회를 늘리도록 하는 과제를 내 줄 수 있다.
- '자녀가 말대꾸하면 분노신이 집안을 접수해 버린다.'고 고백

한 부모의 경우 그 횟수를 어떻게 줄일 수 있었는지, 독특한 결과 지도에 따라 그 이야기를 풍부하게 나누어 볼 수 있다.

- 거식증이 있는 십대 청소년과는 회원재구성 대화에 따라 '먹지 말라는 거식증의 지시'가 있을 때 어떻게 저항하는지, 누가(무엇이) 그 노하우를 가르쳐 주었는지, 누가(무엇이) 그 과정에 함께해 주었는지 등을 이야기할 수 있다.

이 같은 과정을 거치면서 내담자의 자기 이야기를 빈약한 이야기로 만드는 지배적 담론이 무엇인지가 점차 분명해지고 문제 이야기가 더욱 해체된다. 그러면서 내담자와 문제 사이에 존재하는 거리가 점점 더 멀어진다. '등잔 밑이 어둡다.'는 속담처럼 사람이 문제와 동일시되는 상황에서는 문제의 정체와 속성을 간파하기 어렵다. 반면에 거리두기(distancing) 작업은 내담자로 하여금 문제를 조금 더 잘 이해하고 제어할 수 있도록 한다. 문제와 내담자에 관해 새롭게 알게 된 것들을 중심으로 내담자 내러티브가 촘촘하게 구성됨에 따라, 내담자의 선호하는 내러티브가 점점 더 풍부해진다. 그러면서 내담자와 문제 간에 새로운 관계 양상이 발달하고 내담자가 선호하는 정체성이 점점 더 그 모양을 잡아 간다.

(3) 마무리 단계: 선호하는 정체성 구성 및 사회적 공유

이야기치료의 마무리 단계에서는 종결을 준비하고 성과유지와 사후관리에 대해 계획하는 작업이 이루어진다. 종결 시점에 관한 대화를 시작하기에 앞서 상담자는 다음과 같은 판단 기준을 활용하여 내담자가 목적지에 얼마만큼 다다랐는지를 가늠할 수 있다.

- 상담을 시작할 때 제시되었던 문제가 더 이상 문제가 아니다. 문제 자체가 없어지거나 당사자 또는 주변 사람들이 더 이상 그것을 문제시하지 않게 되었다.
- 상담 과정을 거치면서 내담자가 자신이 선호하는 자기 이야기를 말하게 되었다.
- 내담자 자체가 자신의 새로운 이야기를 강화할 수 있는 가용한 자원이 되었다.

앞의 기준을 중심으로 내담자와 함께 성과를 검토하고 종결 시점에 대해 협의하는 단계에 이르면, 상담자는 앞서 구성한 내담자의 대안적 내러티브와 정체성을 보다 견고히 하고 널리 알리는 데 초점을 둔다. 여기서 견고하게 한다는 의미는 현재 상태로 고정을 시킨다는 의미가 아니다. 상담 과정에서 도출된 선호하는 정체성이 내담자의 삶에 실재하여 현재 쓰고 있는 내러티브에 반영이 되고 또 그것이 미래에 쓰게 될 내러티브의 밑거름이 되도록 한다는 의미이다. 이러한 발상은 인간 정체성이 평생에 걸쳐 구성되고 재구성된다는 포스트구조주의 철학에서 비롯된 것이다.

상담자는 내담자 내러티브를 견고히 하기 위해 ① 개인 정체성, ② 관계 정체성, ③ 공동체 정체성의 세 가지 측면에서 내담자와 함께 그 방법을 설계하고 수행한다(Gehart, 2014). 예를 들어, 문제에 압도되었던 상태로부터 그것을 '관리하고 잠재울' 수 있게 되기까지의 내담자 여정을 편지 형식으로 작성하여 내담자의 대안 내러티브를 문서화할 수 있다. 상담자나 내담자가 단독으로, 혹은 두 사람이 함께 '현재의 자기'가 후퇴를 경험하는 '미래의 자기'에게 보내는 편지를 작성할 수 있다. 이러한 문서 작업은 이번 상담에서 만든 내러티브가 향후 내담자가 어떤 선택을 할 때 결정의 근거가 되고 그 선택을 지원하는 역할을 한다.

내담자의 일상에서는 지역사회 자원이 내담자를 지지하는 중요한 축이 된다. 내담자의 선호하는 정체성을 지지하는 이들의 네트워크 혹은 공동체를 조성하는 노력은 내담자의 선호하는 내러티브를 사회적으로 공유하고 회람하는 장을 통해 구체화된다. 이를 위해 상담자는 종결에 앞서 정의예식을 개최하거나 이와 유사한 효과를 기대할 수 있는 방법을 동원하여 주변 사람들로 하여금 내담자의 새로운 면모를 경험하고 이전과 다른 방식으로 내담자에게 반응할 가능성을 열어 준다.

이는 결과적으로 내담자의 일상이 자기, 관계, 공동체 측면에서 내담자가 선호하는 방식으로 전개되도록 하고, 내담자가 선호하는 자기 내러티브와 정체성이 지속적으로 발달하도록 촉진한다. 상담자가 초기에 목격했던 문제적 이야기와 정체성이 상대적으로 약화되고 이전에 존재하지 않았던 내담자의 선호하는 내러티브와 정체성이 풍부하게 구성되는 시점에 이르면, 상담자는 내담자와 함께 상담 종결을 협의한다.

4. 상담 평가

1) 평가 주체

이야기치료에서 평가의 주체는 일차적으로 내담자이다. 상담자는 내담자에게 회기 중에 나눈 상담 대화 가운데, 다시 말해 회기 중에 생성된 텍스트 가운데 어떤 것이 가장 의미가 있거나 도움이 되었는지, 그것이 내담자 삶의 어떤 부분에 어떻게 혹은 얼마나 도움이 되었는지 등을 질문할 수 있다. 이러한 질문은 모두 상담 과정에서 내담자가 경험한 것을 내담자의 시각에서 평가함으로써 내담자를 평가의 주체가 되도록 하는 것이다.

상담자 또한 내담자의 내러티브가 얼마나 풍부히 발달하고 있는지 평가하고 이를 내담자 내러티브를 더욱 풍부히 하기 위한 방법을 고안하고 실행에 옮기는 근거로 활용할 수 있다. 그 외 관련된 이들도 평가에 참여하게 되는데, 정의예식 등의 방법을 통해 내담자의 대안적 내러티브에 대해 각자의 주관적 의견을 제시할 수 있고 내담자는 그들의 반영을 내담자 내러티브에 통합하여 그 내러티브를 더욱 풍부히 발달시키는 데 활용할 수 있다.

2) 평가 방법

(1) 회기 평가

상담 회기를 평가하기 위해 상담자는 해당 회기에 대해 내담자가 주목한 점, 호소문제의 변화, 내담자의 선호하는 내러티브의 발달 등에 초점을 둘 수 있으며, 다음 방법들 가운데 일부 혹은 전부를 활용할 수 있다.

- **반영적 대화**: 상담자는 회기를 마무리하는 시점에서 내담자를 대상으로 그날 나눈 대화에 대해 질문한다. 가장 주목이 되었던 표현이나 묘사, 특정한 장면 등이 무엇이었는지, 그러한 것(들)이 내담자에게 어떤 의미인지, 또는 새롭게 알게 된 것이나 시도하고 싶은 것 등 해당 회기의 대화로 인해 생겨난 가능성에 대해 질문하고 대화를 나눌 수 있다. 이러한 반영 과정을 통해 상담자는 해당 회기에서 내담자가 무엇을 얼마나 얻었는지를 가늠할 수 있다.
- **텍스트 분석**: 상담자는 회기 중에 주고받았던 대화, 즉 상담자와 내담자가 공동으로 구성한 텍스트 가운데 내담자의 선호하는 정체성을 구성하는 데 기여할 수 있는 텍스트를 발췌한다. 그 텍스트의 주제, 풍부함의 정도 등을 평가하고 그것을 근거로 다음 회기를 계획할 수 있다(Kogan & Gale, 1997).
- **치료적 문서**: 해당 회기에서 나누었던 대화 가운데 주목이 되는 점을 기록하고 상담자의 반영이나 질문을 담아 내담자에

게 전달한다. 이러한 문서는 회기를 기록하고 평가하는 역할
을 할 뿐 아니라 내담자의 반영을 자극함으로써 회기와 회기
사이의 내담자 진전을 촉진할 수 있다. 이야기치료에서 치료
적 문서는 회기의 효과를 증폭시키는 것으로 널리 알려져 있
는데, 실제로 상담자의 편지를 받은 내담자들은 편지 한 통이
3회기 내지 4회기 상담에 해당하는 효과가 있는 것으로 보고
한 바 있다(Freeman, Epston, & Lobovits, 1997, p. 113; Nylund &
Thomas, 1994).

• **척도 질문**: 회기가 마무리되는 시점 혹은 회고적으로 해당 회
기의 상담과 관련하여 다양하고 창의적인 유형의 척도 질문
을 던질 수 있다. 예를 들어, '어깨 위 보따리' 무게가 1톤이라
했던 내담자에게 상담 이후 그 무게가 어떻게 달라졌는지 질
문하면 내담자는 절반으로 줄은 것 같다는 대답을 한다. 혹은
'어깨 위 보따리'의 무게를 0(무게 느끼지 못함)에서 10(무게에
완전히 깔림)이라 할 때, 회기 초반에 9라고 평가했던 내담자
가 회기 마무리 때 7이 되었다는 등의 대답을 하기도 한다.

(2) 과정 평가

상담 과정에 대한 평가는 상담이 진행되는 중에 이루어질 수도
있고 종결 시점이나 그 이후에 회고적으로 이루어질 수도 있다.
상담 진행 중에 실시하는 평가의 경우, 내담자의 선호하는 내러티
브를 구성하는 과정이 현재 어떻게 진행되고 있는지 혹은 내담자
의 호소문제나 증상에 어떤 변화가 있는지 등을 점검하는 형성평

가의 성격을 띨 것이다.

- **반영적 대화**: 상담자는 내담자에게 이제까지 도출된 내러티브에 대한 입장을 정리하도록 질문할 수 있다. 그것은 예를 들어, 어떤 이야기가 마음에 드는지, 어떤 이야기를 더욱 풍부하게 이야기하고 싶은지, 그리고 그 이유는 무엇인지 등이다. 상담자는 내담자가 선호하는 내러티브를 확인하고, 남은 회기 동안 선택과 집중을 통해 그 내러티브를 더욱 발달시키도록 계획을 조정할 수 있다.

- **주기적 관찰 및 기록**: 호소문제나 증상의 변화를 추적하기 위해 척도를 활용하여 주기적으로 관찰한 결과를 기록하고 추이를 모니터링할 수 있다. 여기서 척도는 표준화된 척도뿐 아니라 내담자와 함께 만든, 내담자 언어로 표현된 문제나 증상을 토대로 고안한 척도를 모두 포함한다.

- **텍스트 분석**: 종결된 상담에 대한 과정 평가는 대안적 내러티브의 구성 혹은 발달 과정을 분석하는 데 초점을 두게 될 것이다. 상담 대화를 통해 생성되고 있는 텍스트가 얼마나 풍부한지, 즉 새롭게 만들어진 내러티브가 내담자라는 사람의 삶과 정체성 면에서 얼마나 문제와 거리가 먼 이야기를 담고 있는지, 뿐만 아니라 내담자가 다른 사람들 앞에서 내세우고 싶어 하는 자신의 삶과 정체성의 이야기를 얼마나 풍부히 담고 있는지를 평가하는 데 초점을 둔다. 텍스트 분석은 질적 방법으로 가능하나 양적 방법과 병행할 수 있다. 예를 들어, 〈표

5-1)과 같이 내러티브 발달수준을 점수화하는 평정기준을 수립하고(이선혜, 김민아, 서진환, 송영매, 2018), 상담 회기에서 구성된 텍스트를 이 체계에 따라 평가할 수 있을 것이다. 이 같은 평가 결과는 상담자 질문의 효과성과 효율성을 평가하는 지표로도 활용 가능하다.

〈표 5-1〉 대안적 내러티브 발달수준 평정기준

점수	기준
0	목표 관련 활동을 수행하기 위한 이야기를 말하지 못한다.
1	지배적 문제나 상황에 대해 당사자가 제어하는 모습이나 지배적 이미지와 대조적인 모습을 담고 있는 이야기를 말한다.
2	당사자의 행동이나 대응으로 인한 직간접적 결과와 그로 인해 당사자가 얻은 이점들을 이야기한다.
3	그러한 결과나 이점이 당사자의 존재와 삶에 주는 의미가 무엇인지 이야기한다.

* 이 기준의 적용 예는 이 책 201쪽 〈표 7-1〉을 참조할 수 있다.

(3) 성과 평가

이야기치료의 경우 상담 성과를 평가하는 데 있어 내담자의 주관적 시각이 중요한 역할을 하기 때문에 평가 방법 또한 내담자를 면접하여 평가 내용을 도출하는 것이 일반적이다. 그러나 공공과 민간 부문을 막론하고 상담의뢰 및 재정지원 주체들이 간결성과 객관성 확보에 편리한 양적 자료를 선호함에 따라, 이야기치료의 평가에 양적 연구방법을 활용하기도 한다.

- **정의예식**: 이야기치료를 통해 구성된 대안적 내러티브는 내담자의 삶에 존재하는 다른 사람들에게 알려졌을 때 비로소 현실을 재구성하는 매개로서의 의미를 가진다. 내러티브상담자는 내담자 삶에 존재하는 지지적인 사람들 혹은 내담자 내러티브가 더욱 풍부해지는 데 도움을 줄 수 있는 이들을 리크루트하여 대안적 내러티브를 그들과 함께 반영하고 내담자의 진전을 축하하는 장을 마련할 수 있다. 정의예식의 준비와 진행에 관한 보다 구체적 내용은 이 책 제6장(이야기치료 기법)을 참조할 수 있다.

- **치료적 문서**: 면접의 형식을 빌려 내담자에게 상담 경험 전반에 걸쳐 내담자에게 가장 큰 인상을 남긴 점(들), 혹은 내담자에게 의미 있는 성과 등을 중심으로 대화를 나눈다. 이때 상담자는 내담자가 상담에 대한 자신의 경험을 보다 풍부히 이야기할 수 있도록 촉진한다. 이 과정에서 도출된 내용을 녹취하여 축어록으로 풀거나 메모를 한 뒤 문서로 정리 작성하여 내담자와 상담자가 각각 보관한다. 상담자가 보관한 문서는 사례 파일에 철하여 평가 자료로 활용할 수 있다. 종결 이후 상담 문서를 활용하는 방법에 대한 아이디어는 이 책 제6장 (이야기치료 기법)을 참고할 수 있다.

- **척도 사용**: 내담자 호소문제의 변화를 살펴보기 위해 표준화된 척도를 사전-사후에 활용하여 문제나 증상 변화의 정도를 평가할 수 있다. 이와 함께 기존 척도들 가운데 내담자가 선호하는 심적 상태, 능력, 기술, 관계 등을 측정할 수 있는 척

도를 내담자와 함께 검색하고 선택하여 병행 사용할 수 있다. 다만 표준화된 척도는 객관성, 보편성에 초점을 두고 작성되어 언어 표현이 내담자 개인의 경험과 동떨어진 것(experience distant)으로 느껴질 수 있기 때문에 척도 선정에 내담자를 참여시켜 가급적 내담자 변화에 보다 민감한 척도를 사용하도록 한다. 문제나 증상을 측정하는 도구는 기존의 다양한 표준화된 척도를 활용할 수 있으며, 대안적 내러티브를 구성하는 과정에서 향상된 내담자의 행동주체로서의 의식(personal agency)은 임파워먼트, 효능감 등을 측정하는 척도를 활용할 수 있다.

6장
이야기치료 기법

1. 외재화 대화(입장말하기I)

1) 개요

외재화 대화(externalizing conversation)는 내담자가 자신과 문제를 분리하고 문제와의 관계를 재정의하는 과정을 돕기 위한 기법이다. 내담자가 사고, 정서, 행동 면에서 어려움을 보이는 상태일 때 내담자를 문제와 동일시하기 쉽다. 문제가 내담자로부터 비롯되었다거나 내담자 안에 존재한다는 시각에서 접근하는 경우, 내담자 변화에 집중하는 것이 일반적이다. 이와 대조적으로 이야기치료는 문제가 내담자 삶에 어떤 영향을 미치고 있는지에 주목하여, 내담자의 변화가 아니라 내담자와 문제 사이의 관계 변화에 초점을 둔다.

사람과 문제를 별개 존재로 취급하면 사람과 문제 사이에 간격이 생기고 일정한 공간이 만들어진다. 그러면 그 둘 사이의 관계를 조정하고 협상할 수 있는 여지가 생기는데, 외재화는 바로 이러한 공간을 만들어 내기 위한 기법이다. 외재화 대화가 적절히 진행되면 내담자가 자신의 상황 및 문제와의 관계에 대해 나름의 입장을 정리하는 단계에 이른다. 그래서 외재화 대화를 가리켜 입장진술 또는 입장말하기(statement of position) 대화라 부르기도 한다.

그러나 모든 사례에서 그리고 상담 초기에 반드시 외재화 대화를 해야 하는 것은 아니다. 문제 이야기와 결이 다른, 내담자가 선호하는 이야기가 나오고 그 이야기를 풀어내는 것이 내담자 정체성의 재구성에 보다 많은 가능성을 열어 줄 수 있다면, 재저작이나 회원재구성 등 다른 대화기법으로 대화를 시작할 수 있다.

외재화 대화는 네 단계로 진행된다. 먼저 내담자와 문제를 분리하는 작업에서 시작하여, 내담자로 하여금 문제가 자신의 삶에서 어떤 영향을 미치고 있는지, 그에 대해 내담자 자신의 입장은 무엇이지, 그리고 그러한 입장에 대한 근거나 이유는 무엇인지를 정리하고 피력할 수 있도록 한다. 상담자는 질문으로 이 과정을 이끌어 가면서 내담자가 자신의 입장을 명확하게 설명할 수 있도록 지원한다. 각 단계를 보다 자세히 살펴보면 다음과 같다.

'엉큼한 응가'

Michael White가 외재화 기법을 소개하게 된 계기는 '자신도 모르게 바지에 실례하는 문제'를 호소하는 내담자에게 상담자 자신이 어떤 흥미로운 시도를 했는지에 관해 한 논문에서 설명한 것이었다(White, 1984). 그는 상담에서 유분증(encopresis)이란 진단명을 사용하는 것 자체가 문제가 되지는 않으나, 내담자가 이미 굴욕감을 느끼는 상황에서 그 표현을 계속 사용하는 것은 수치심을 더하면서 한 사람의 정체성에 지속적인 영향을 미칠 수 있다고 보았다. 그래서 White와 내담자는 그 문제를 가리켜 유분증(encopresis)이란 용어 대신 '엉큼한 응가(Sneaky Poo)'란 표현을 사용하게 되었다.

'유분증으로 인해 자신도 모르게 실례를 하게 된다.'라는 표현보다 '엉큼한 응가가 바지를 빠져나와 내담자 인생에 소동을 일으켜왔다.' 라고 말하는 편이 내담자로서는 자신과 문제 사이의 관계를 재미있게 묘사할 수 있는 방법이었다. 이러한 전략을 사용하여 White는 문제에 대해 이야기하는 과정에 내담자의 적극적 참여를 이끌어 낼 수 있다. 문제에 일방적으로 장악당하기보다 조금 덜 긴장된 상태에서 문제와 마주하면서, 어떻게 하면 '엉큼한 응가'와의 관계를 끊을 수 있을지 그 방법에 대해 내담자와 대화를 나누었다. 이 같은 상담 전개를 통해 White는 내담자와 문제의 관계, 다시 말해 내담자와 '엉큼한 응가'와의 관계를 수정하게 되고 나아가 내담자가 이 문제를 해결할 적임자라는 인식을 갖게 해 주었다.

2) 외재화 대화 지도

문제 정의 → 결과 탐색 → 입장 정리 → 근거 제시

(1) 경험에 가깝게 문제 정의하기

상담 초기에 내담자가 내놓는 자기 삶의 이야기는 대체로 사람과 문제가 동일시되는 이야기이기 쉽다. 상담자는 내담자가 그 문제에 대해 자기 나름의 정의를 내리도록 도와줌으로써 작업의 대상을 구체화한다. 이를 위해 내담자로 하여금 자신이 경험하는 곤경이나 문제에 대해 풍부하게 설명하도록 하는데, 그 핵심은 문제를 자신의 경험과 멀고(experience-distant) 일반적인 상태에서 자신의 경험에 가깝게(experience-near), 즉 자기 나름의 방식으로 문제를 정의하도록 하는 것이다.

여기서 '경험에 가까운' 방식이란 내담자가 사용한 언어를 그대로 사용하여, 내담자가 속한 가족이나 지역사회의 문화 그리고 내담자가 살아온 경험을 통해 만들어진 삶에 대한 생각을 기초로 내담자 문제를 설명하는 방식을 말한다. 자기 나름이라는 말을 사용한 이유는 문제를 받아들이고 이해하는 방식이 사람마다 다르며 같은 사람이라도 시점에 따라 다르다는 점을 존중하기 위한 것이다. 상담자는 문제가 언제, 어디서, 어떻게 활동을 하는지 등을 질문하여 내담자에게 문제가 어떤 존재인지에 관한 이야기를 이끌어 낸다.

상담자: 내담자님이 응급실에 자주 가시는데, 어떤 생각이 들어서 그렇게 (자해)하시는 거지요?

내담자: 내가 너무 너무 싫어서요. 혐오해서요.

상담자: 그렇다면 혹시 내담자님 옆에 '자기혐오' 같은 것이 있는 걸까요? 이런 식으로 한번 이야기해 봐도 될까요?

(2) 문제의 결과 탐색하기

외재화 과정을 통해 내담자가 문제와 분리되면, 그 문제가 내담자 삶에 어떤 영향을 미치는지, 그 문제로 인해 어떠한 결과가 초래되었는지 탐색한다. 내담자가 속한 가정, 직장, 학교, 또래집단 등 다양한 영역에 그 문제가 어느 정도 광범위하게 존재하는지 살펴본다. 특히 가족관계, 친구나 동료와의 관계를 비롯하여 자기자신과의 관계, 자신의 미래계획이나 가능성 등을 중심으로 내담자의 이야기를 이끌어 낸다. 문제로 인한 결과에 대해 생각해 보는 것은 이야기 초점이 문제를 내재화하는 사람에서 문제가 초래한 상황으로 이동하도록 함으로써 문제와의 거리두기(distancing)를 더욱 탄탄하게 해 준다.

상담자: '자기혐오' 때문에 내담자님 인생에 어떤 일이 벌어졌나요?
내담자: 제 몸을 여기저기 (칼로) 긋게 돼요. 흉터가 생기고요.
상담자: '자기혐오'가 팔목을 긋게 만들고 흉터를 남기고, '자기혐오' 때문에 내담자님에게 또 어떤 일이 생겼지요?
내담자: 가족들이 날 피하고요, 주변 사람들이 날 이상한 눈으로 봐요.
상담자: 가족들과 멀어지게 하고, 주변 사람들이 내담자님을 이상하게 보도록 만들고요.

(3) 문제의 영향 평가하기

세 번째 단계에서 상담자는 호소문제의 활동방식과 활동내용이 내담자의 삶에 미치는 주요한 영향을 평가하도록 한다. 즉, 호소문제의 영향이나 결과에 대해 내담자가 어떤 입장인지를 정리하도록 지원한다. 이 단계의 질문들은 내담자에게 자기 삶에 일어난 특정한 문제에 대해 조금 거리를 두고 반추해 볼 수 있게 한다. 이러한 주도적인 반추는 내담자에게는 새로운 경험이다. 왜냐하면 이제까지 이러한 평가는 대부분 타인에 의해 이루어졌기 때문이다. 그런 의미에서 3단계는 문제와의 관계에서 내담자가 삶의 주체로서 자신의 위치를 견고히 하는 중요한 작업이다.

이때 내담자가 문제를 부정적으로 평가할 것이라 지레짐작하지 않도록 주의해야 한다. 오히려 상담자가 문제를 부정적인 것으로 서둘러 결론을 짓고 다음 단계로 넘어가는 일이 종종 발생한다. 그러나 실제 탐색을 해 보면 문제가 미치는 영향에 대한 사람들의 입장은 복잡하고 다면적인 경우가 많다. 내담자 입장을 긍정 혹은 부정 중 한 가지 방향으로 몰아가는 것은 White가 말하는 전체화(totalizing)에 해당하는 것으로, 대안을 차단하기 때문에 지양할 필요가 있다(White, 2012).

> 상담자: '자기혐오'가 내담자님 인생을 그렇게 만든 것에 대해 어떻게 생각하세요? 당사자로서 어떤 입장이세요?
> 내담자: 무슨 말씀이세요?
> 상담자: '자기혐오'가 그렇게 하는 것이 그대로 괜찮은 건지, 아니면 문제가 있는 건지요? 너무 당연한 걸 묻는 것 같기는 하지만…

(4) 평가의 근거 제시하기

마지막 단계는 앞에서 내린 평가에 대해 '왜'라는 질문을 던져 그 이유를 질문하는 것이다. 내담자가 어떻게 해서 그런 입장을 가지게 되었는지, 그리고 이와 관련된 과거 경험이 혹시 있는지 질문한다. '왜'에 대해 묻는 질문은 내담자로 하여금 삶에서 중요한 것이 무엇인지에 주목하도록 한다. 여기서 중요한 것이란 내담자가 자기 삶에서 지향하는 것들, 목표, 방향성, 의도, 희망, 추구, 결심 등을 포함한다. 이러한 대화는 내담자로 하여금 자신이 중요하게 여기는 것들에 대해 재확인하거나 새롭게 깨닫는 기회가 될 뿐 아니라 자기 나름의 입장을 갖고 그것들을 좀 더 발달시킬 수 있도록 해 준다.

상담자: 만일 다시 태어난다면 '자기혐오'가 시키는 대로 하는 것(자해)에 의문이 들 거라고 하셨는데, 어째서지요?

내담자: 손목을 그으라고 시키는 것에는 동의를 하지만, 그래도 뭔가 조금은 좋은 걸 가질 권리가 있으니까요.

상담대화 **사라를 괴롭히는 '자기혐오' 이야기**

사라는 자해와 우울 경험을 가진 여성으로 사라의 경험 가운데 두드러지게 나타나는 특징은 자기혐오이다. 상담자는 자기혐오의 특징에 대해 더 자세히 이해하기 위해 자기혐오가 사라의 삶에 대해 어떤 태도를 갖고 있는지, 자기혐오의 행위 가운데 어떤 면을 보면 그걸 알 수 있겠는지, 또 자기혐오가 실제로 목소리를 낸다면 어떤 식으로 말하겠는지 설명해 달라고 했다. 이에 사라는 자기혐오가 '난 가치 없고 쓸모없는 사람이니 이래도 싸다.' '내 몸을 거부하고 혼내 주어야 한다.' '다른 사람과의 관계를 일절 끊고 혼자 지내야 한다.'는 등의 생각을 자신에게 주입하고 있다고 했다.

자기혐오가 사라 인생에서 미치는 영향 가운데 가장 주된 것은 자해

였는데, 상담자는 그게 괜찮은지, 즉 자기혐오가 시키는 대로 자기 몸을 여기저기 긋는 것이 괜찮은지 질문했다. 이에 사라는 피 흐르는 것을 보는 게 유일하게 뭔가를 느끼는 때라고 대답했다. 그래서 상담자는 그럼 자기 몸을 긋는 것이 아무렇지 않은 건지, 그저 운명으로 생각하는 건지 질문했다. 사라는 만일 다시 태어난다면 긋는 행동에 의문이 생길 거 같다고 이야기하였다. 그 이유는 비록 칼로 긋는 행동에 동의는 하나 '뭔가 조금은 좋은 걸 가질 권리'가 있기 때문이라고 하였다. 이 장면에서 상담자는 어떻게 그런 의식을 갖게 되었는지 그 배경을 이야기하는 단계로 이동할 수 있었다.

출처: White(2012), p. 50 발췌 수정.

3) 기대 효과

(1) 내담자 정체성과 문제를 분리해서 보게 된다

이 대화의 마지막 단계에 이르면 내담자는 자신에 대한 문제중심적 정의, 즉 부정적 정체성이 다소 흔들리는 경험을 할 수 있다. 이러한 경험은 사람이 문제가 아니라 문제가 문제라는 점을 인식하도록 하는 데 도움이 된다. 그런 의미에서 White는 외재화 대화가 해독제 역할을 할 수 있다고 보았다(White, 2012).

(2) 문제해결을 위한 대안 수립의 출발점이 된다

외재화 대화의 과정을 통해 내담자는 자신의 호소문제가 더 이상 자신의 본질을 반영하는 것이 아닐 수 있다는 점을 깨닫기 시작한다. 이러한 종류의 깨달음은 내담자를 임파워시키고 자기 자신에 대한 호기심을 유발하면서 문제이야기와 다른 종류의 이야기, 즉 자신이 선호하는 이야기를 풀어 나가는 동력이 된다.

(3) 자기 정체성에 대한 부정적 결론을 약화시킨다

내담자는 문제가 초래한 결과 때문에 자신의 정체성에 대해 부정적인 방향으로 결론을 내리기 쉽다. 외재화 대화는 내담자에게 그러한 결론을 씻어 내거나 약화시키는 기회를 준다. 특히 문제가 내담자에 대해 어떤 '정치적 목적'을 품고 있는지와 같은, 외재화된 문제의 내력을 들추는 질문은 내담자와 문제 사이에 존재하는 권력관계를 해체하는 작업이다(White, 2012). 해체작업은 내담자에 대한 부정적 결론의 절대성을 약화시키고 그러한 결론에 의문을 제기하도록 해 준다. 결과적으로 내담자는 자신의 인생이 더 이상 그런 부정적 결론에 종속되어 있지 않다는 사실을 깨닫고 자기 삶의 다른 영역을 탐색하는 입장으로 이동할 수 있다.

(4) 개인의 힘이나 자원을 풍부히 할 수 있다

내담자가 문제의 시각에서 정체성을 정의하는 행위로부터 어느 정도 거리를 두는 경험을 하게 되면 내담자는 문제의 영향을 감소시키거나 자신에게 중요한 것이 무엇인지를 밝혀내고 그것을 추구함에 있어 주도적인 입장이 된다. 만약 내담자가 '문제에 억압당했다.'는 설명을 한다면, 내담자는 저항이나 대치하는 입장을 취하게 될 것이고 자기 삶을 문제로부터 해방시키는 방향으로 행동할 것이다. 만약 내담자가 자기 상황을 불의의 결과로 보았다

면, 내담자 입장은 윤리적 성격을 띨 것이고 내담자는 불의를 시
정하는 방향의 선택을 하게 될 것이다.

2. 독특한 결과 대화(입장말하기II)

1) 개요

독특한 결과(unique outcome)란 처음에는 예측하기 어려웠을
수 있으나 커다란 의미와 변화 잠재력의 원천이 될 수 있는 사건
을 말한다. 이 용어는 본래 사회학자 Erving Goffman이 '독립적으
로 발생함에도 불구하고 그가 속한 하위 집단 내에서 기본적이고
상식적으로 취급되는 일에 묻혀 시간이 흐르면서 점차 무시되는
사건'을 가리키기 위해 사용한 것이다(Goffman, 1961). White는 문
제적 정체성과 불일치하는 내담자의 시도를 설명하는 데 이 용어
를 사용하면서, 독특한 결과로 보이는 사건을 가시화하고 이를 확
장 발전시키는 질문을 개발하였다.

이야기치료에서 말하는 독특한 결과에는 문제중심의 지배적 이
야기에 가려져 있는 생각이나 느낌, 문제에 대한 반응으로는 일반
적이지 않고 조금은 다르게 행동한 일, 문제와 다른 관계를 가지
려고 준비하거나 시도한 일, 문제와 직접 관계가 없더라도 자신이
추구하는 자기 모습을 담고 있는 경험 등 지배적 이야기와 대조되
는 다양한 것들을 포함한다.

독특한 결과를 이야기하는 대화는 앞서 소개한 외재화 대화와 동일한 구조로 진행되는데, 문제 대신 독특한 결과를 이야기한다는 점에 차이가 있다. 내담자가 문제에 지배당하는 모습을 확인하는 이야기가 아니라 자기가 선호하는 자기 모습이 담긴 이야기를 발달시키는 데 역점을 둔다. 외재화 대화에서와 마찬가지로, 이 대화가 적절히 진행되면 내담자가 자신과 독특한 결과의 관계에 대해 나름의 입장을 정리하는 단계에 이른다. 그래서 이 대화를 가리켜 '입장진술II' 또는 '입장말하기II' 대화라 한다.

2) 독특한 결과 대화 지도

> 독특한 결과 정의 → 결과 탐색 → 입장 정리 → 근거 제시

(1) 독특한 결과 정의하기

독특한 결과를 조명하는 대화를 시작하는 방법 가운데 하나는 문제에 눌린 내담자 모습과 상반된 내담자 행동에 주목하고 그에 대해 자세히 탐색하는 것이다. 또는 내담자가 문제의 영향력으로부터 좀 덜 눌렸던 경험이나, 그 문제로부터 멀어지기 위해 시도했던 의미 있는 행동이나, 자기 삶에서 수동적이 아닌 주체적으로 행동했던 경험 등을 이야기하도록 질문할 수 있다. 내담자가 아주 미미하게라도 문제를 통제할 수 있었던 때, 혹은 이와 비슷한 문제를 어느 정도 감당할 수 있었던 때를 자세히 이야기하도록 한다.

상담자: 그 사람이 장애인이라 일을 하지 않는다고 직원들이 수군거렸을 때, 수아 씨는 어떤 생각이 들었어요?

내담자: 장애인이라고 해서 누구나 다 그런 건 아니에요. 그래서 직원들의 말이 부당하다고 생각했어요.

상담자: 일을 그만두고 싶다는 생각을 할 수도 있었을 텐데요?

내담자: 아뇨. 나랑은 상관없는 사람의 이야기니까요.

상담자: 방금 나랑 상관없는 사람의 이야기로 생각한다 했는데요. 그렇게 생각하는 것을 한마디로 뭐라 할 수 있을까요? 그런 행동을 가리키기에 알맞은 표현이 있을까요?

내담자: '분리하기'라고 할게요.

(2) 독특한 결과의 영향 탐색하기

독특한 결과가 내담자 삶에 어떤 영향을 미치는지, 자기 자신에 대한 생각이나 대인관계에 있어 어떤 다른 국면으로 이끌어 주는지 구체적으로 탐색한다. 특히 그런 상황이 어떤 점에서 문제이야기와 차이가 있는지, 그리고 그 속에서 보이는 내담자 이미지가 기존 문제이야기 속 내담자 이미지와 어떻게 다른지에 관해 질문한다. 또한 독특한 결과와 그 영향을 목격한 사람들, 특히 가족이나 지인들이 그것을 어떻게 바라볼지 추측해 보도록 한다.

상담자: '분리하기'를 하는 것이 수아 씨 일과 어떤 관계가 있나요? 수아 씨 일에 어떤 영향을 주지요?

내담자: 소리 없이, 더 열심히 일해야겠다는 생각이 들게 만들어요.

상담자: 또 어떤 생각이 들게 하지요?

내담자: '분리하기'를 하면 내가 병보다 큰 것 같은 느낌이 들어요. … 병을 떼어놓고 보면 나는 어떤 사람일까, 이런 생각을 하게 돼요.

(3) 독특한 결과의 영향 평가하기

내담자가 행한 독특한 결과로 인해 어떤 상황들이 일어났는지 이전 단계에서 이야기가 되었다면, 이제 그에 대해 내담자가 어떤 입장인지 설명해 보도록 한다. 내담자가 스스로 입장을 정리하는 과정을 수월하게 진행하기 위해서는 이전 단계에서 그 사건에 관해 자세한 사항까지 구체적으로 질문하여 그 사건이 일어나게 된 배경이나 맥락에 대해 풍부한 이야기가 나올 수 있도록 지원해야 한다(Morgan, 2003).

상담자: '분리하기' 덕분에 소리 없이 더 열심히 일하자는 결심을 하게 되었다고 했는데, 이런 결과는 수아 씨 마음에 드는 건가요? 이런 결과에 대해 수아 씨는 어떤 입장이지요?

내담자: 제가 마땅히 해야 할 행동이라 생각해요.

상담자: 또, 내가 병보다 큰 것 같은 생각이 들었고, 나는 어떤 사람일까 궁금해졌다고 했는데요. '분리하기' 덕분에 이렇게 된 건 수아 씨에게 어떤 거지요?

(4) 평가의 근거 제시하기

마지막 단계에서는 어떤 배경에서 내담자가 이 같은 입장을 내놓게 되었는지 질문하도록 한다. 즉, 어떤 이유 또는 근거에서 앞에서와 같은 평가를 내렸는지, 그러한 입장은 어떤 근거에서 나온 것인지 질문한다. 상담 대화가 이 단계에 이르면 독특한 결과를 중심으로 내담자에 관한 부수적 이야기가 발달해 있음을 보게 된다. 부수적 이야기는 문제가 내담자를 지배하는 이야기와 다른 종류의 이야기로, 내담자가 자신의 경험에 대해 자기 나름의 주체적 입장이나 자질이 있음을 보여 주는 이야기이다. 이제 상담자는 여기서 나온 부수적 이야기를 좀 더 확장하거나 다른 독특한 결과를 탐색하는 질문으로 대화를 이어 나갈 수 있다. 앞으로 더 많은 질문과 대답을 통해 부수적 이야기(들)가 좀 더 풍부히 발달하게 되면, 그 이야기는 점차 대안적 이야기로 자리 잡아 갈 것이다.

> 상담자: 마땅히 해야 할 행동이었다는 건 어떤 의미지요? 어째서 그 행동이 마땅한 행동인지 설명해 주시겠어요?
>
> 내담자: 주어진 일을 해내자 결심한 건 제 병에 대한 편견을 만들고 싶지 않아서 그런 거예요. 저 자신의 진실된 모습을 보여 주고 싶었기 때문에요.
>
> 상담자: 내가 병보다 큰 것 같은 생각이 드는 것, 나는 어떤 사람일까 궁금해지는 것은 수아 씨에게 의미가 있는 일이라고 했는데요. 그건 왜 그런 거죠?

상담대화 **수아 씨의 독특한 결과 이야기**

수아 씨는 7년 전 조현병으로 진단받아 정신과 약물을 복용 중이며 정신건강 재활기관을 이용하는 회원이다. 요즘 대학 때의 전공을 살려 미술관에서 도슨트 업무를 보조하는 자원봉사자로 활동하고 있다. 재활기관 집단프로그램에서 수아 씨는 최근 장애인 일자리에 새로 온 미술관 직원의 이야기를 꺼냈다. 지난주에 미술관에서 책을 정리하던 중 기존 직원들이 새로 온 직원에 대해 수군거리는 소리를 들었다고 하였다. 내용인즉슨 새로 온 직원이 장애가 있어 일을 하지 않는다는 것이었다.

상담자는 직원들의 그런 말이 수아 씨에게 어땠는지 질문했다. 수아 씨는 그 직원의 말에 순간 당황했고 쥐구멍에 들어가고 싶은 심정이었으나 아무 말도 하지 않았다고 했다. 그리고 장애인이라 해서 누구나 다 그런 것은 아니기 때문에 직원들의 말이 부당하다고 생각했다. 그래서 소리 없이, 더 열심히 일해야겠다는 결심을 하게 되었다고 했다.

그런 소리를 들으면 속이 상할 수도 있을 텐데, 어쩌면 기분이 나빠서 봉사를 그만두고 싶은 마음이 들 수도 있을 텐데, 어떻게 해서 더 열심히 일하겠다는 생각을 할 수 있었는지 상담자가 질문했다. 그러자 수아 씨는 나랑은 상관없는 사람의 이야기라는 생각이 들었다고 했다. 그래서 나랑은 상관없는 사람의 이야기로 생각하는 행동을 한마디로 뭐라 할 수 있겠는지, 적절한 표현을 찾아 달라 요청하자 수아 씨는 '분리하기'라고 대답했다. '분리하기'를 하면 내가 병보다 큰 느낌이 든다며 그 느낌을 그림으로 표현하여 모두에게 보여 주었다. '나 > 병'이라고 표시되어 있었다.

이에 상담자는 '분리하기'로 인해 갖게 된 결심과 생각에 대해 수아 씨가 어떤 입장인지, 어떤 의미인지, 마음에 드는지 등을 질문했다. 수아 씨는 주어진 일에 최선을 다하자는 그런 결심은 자신이 마땅히 해야 할 행동이었다고 대답했다. 말없이 묵묵히 주어진 일을 해내자 결심한 것은 직원들에게 자기 질병에 대한 편견을 만들고 싶지 않았고, 자기 자신의 진실된 모습을 보여 주고 싶었기 때문이라고 했다.

또한 수아 씨는 오늘 어떤 회원이 '나를 분리시키면 불행한 사람에서 해방될 수 있다'라고 했는데 그 말이 매우 인상적이어서 자신도 '분리하기'란 표현을 써 보았다고 했다. 그런 느낌이 들면 어떤 가능성이 생기는지 상담자가 질문했을 때, 수아 씨는 병보다 내가 더 중요하다, '내가 하고 싶은 것이 무엇이고 어떻게 살고 싶은지, 병을 떼어 놓고 보면 나는 어떤 사람일까, 이런 생각들을 하게 된다고 대답했다.

출처: 이선혜 외(2018)에서 수집한 당사자 소모임 텍스트에서 발췌 수정.

3) 기대 효과

독특한 결과를 조명하는 대화는 내담자로 하여금 그간 간과했던 경험의 특정 부분에 특별한 의미가 잠재하고 있음을 깨닫도록 해 준다. 4단계 대화 과정을 거치면서 내담자는 이 특별한 의미에 대해 깊이 있게 탐색하게 되고 그 경험의 특징이나 성격을 설명할 기회를 갖게 된다. 이러한 작업은 내담자로 하여금 자신이 속한 하위문화 속에서 강요되었던 의미에 반기를 들고 자신이 지향하는 삶에 대해 목소리를 낼 수 있도록 지원하는 것이다. 또한 자신이 추구하는 가치에 대해 확신과 자긍심을 가질 수 있는 기회를 주는 것이다.

그래서 이 대화의 중심이 지배적 이야기의 주제에서 벗어난, 독특한 사건에 두어지는 것이다. 또한 내담자가 무엇 때문에, 어떻게 그러한 선택과 행동을 하게 되었는지에 관해 무한한 호기심을 가지고 질문하는 것이다. 이 대화를 통해 삶의 지향이나 가치가 드러나고 구체화되면서 풍부한 이야기 발달의 가능성이 열린다. 때로 주변 사람의 삶의 이야기를 공유하고 서로 연결 짓는 작업을 통해 그러한 지향이나 가치가 인간 삶과 정체성에 관한 보편적 주제로 자리 잡게 된다. 나아가 상담자는 그런 주제와 맥을 같이하는 다양한 선택의 여지를 가시화하고 실제 선택을 가능하게 함으로써, 내담자의 미래 삶을 위한 기반을 마련한다.

결론적으로 이 입장말하기II의 대화는 내담자의 문제를 주체적으로 해결하기 위한 행동의 새로운 출발점이 된다고 할 수 있겠다. 대화를 시작할 때는 목적지가 어디가 될지 전혀 예측할 수 없으나 대화의 끝에 도달하면 시작 단계에서는 상상도 할 수 없었던 삶과 정체성의 새로운 지평에 서 있게 된다. 그 때문에 White는 이야기치료의 대화를 독특한 결과에서 시작하여 삶과 정체성이라는 새로운 영역의 목적지에 이르는 경이로운 여정이라 보았다(White, 2012). 이 여정에서 상담자는 내담자의 목적지까지 내담자와 함께하는 길잡이이다.

3. 재저작 대화

1) 개요

이야기치료의 재저작 대화는 내담자로 하여금 자기 삶의 이야기를 풍부하게 발달시키는 과정을 돕기 위한 것이다. 재저작 대화의 시작은 흔히 앞 절에서 설명한 독특한 결과, 다시 말해 지배적 이야기 속에서 주목받지 못했던 사건, 경험, 자질에 초점을 두고 그 이야기를 발달시키는 장면에서 비롯된다. 어떤 사건을 '독특하다(unique)'고 보는 것은 지배적 이야기와 결이 다름을 의미하는 것이다. 그리고 그것을 '결과(outcome)'라 부르는 것은 그 시점 이전에 원인이나 전조에 해당하는 사건이 있었음을 전제하는 것이다.

그래서 독특한 결과가 처음에는 마치 예외적인 이야기 같지만,

실제로는 지배적 이야기와 대안적 이야기 사이에 다리 놓는 작업을 가능하게 해 주는 이야기이다. 독특한 결과 이면에는 이제까지 이야기된 적 없는, 주목받지 못한 채 진행되어 지금의 결과로 이어진 일련의 사건이나 내담자 행보에 대한 이야기가 잠재적으로 존재한다. 또한 그런 이야기들은 상담 대화를 통해 하나씩 제 모습을 드러내어 지배적 이야기의 힘을 뛰어넘는 대안적 이야기로 성장할 가능성을 품고 있다.

"멋진 이야기에는 강력한 장애물이나 곤경이 있고… (중략) … 거기에 가변성이 충분히 전제되어서… (중략) … 독자에 의해 다시 작성되고 다시 쓰여서 독자의 상상이 발휘될 여지가 있는 것이어야 한다."(Bruner, 1986; White, 2012). White는 Bruner의 이러한 생각에 착안하여, 효과적인 치료적 대화는 강력한 장애물에 관한 인생 이야기를 인간의 가능성에 대해 호기심과 상상을 불러일으키는 방식으로 다시 쓰는 것이어야 한다고 보았다. 또한 상담자는 내담자가 자기 인생이야기를 구성하는 데 적극 참여하고 그 이야기의 주 저자(main author)로서 자기 목소리를 높이는 데 기여해야 한다고 보았다(White, 2012).

2) 재저작 대화 지도

이제 열쇠는 상담자 손에 쥐어졌다. 무엇을 어떻게 질문해야 독특한 결과 뒤에 숨어 있는 이야기의 씨앗들을 찾아 싹 틔우고 자라도록 하여 꽃피우고 열매 맺게 할 것인가? 재저작 지도는 흩어져 있는 이야기 씨앗들을 찾아 그것을 내담자가 선호하는 이야기의 다발로 발달시키는 과정을 차곡차곡 안내해 준다. 이 과정은 기본적으로 여러 개의 독특한 결과들을 상호 연결된 보다 큰 이야기로 발달시키는 방식으로 진행된다. 하나의 사건을 자세히 설명하고 그 설명을 통해 내담자의 정체성에 관해 어떤 작은 결론('아! 내담자에게 이런 면이 있었네.')을 도출하는 대화가 하나의 단위가 된다. 이러한 대화 단위를 여러 개 연결시키면서 이야기를 만들어나가는 과정이 곧 이야기를 다시 쓰는 과정이라 할 수 있다.

[그림 6-1]은 아들 걱정에 잠 못 이루는 엄마와 엄마의 상담 약속에 단순 동행한 아들이 상담자와 나눈 대화를 매핑한 것이다. 첫 회기에 상담자는 우울증, 은둔, 자살시도로 엄마를 걱정시키는 아들 내담자가 오히려 엄마를 걱정하는 모습에 주목하고(이야기 1), 그 지점에서 상담 대화를 시작하여 문제이야기 속 내담자모습과 결이 다른 모습이 담긴 이야기들을 계속 모아 가는 방향으로 상담 대화를 진행하였다. 상담자가 내담자 모자를 통해 듣게된 이야기는 아들 내담자가 창문에 돌을 던져 아빠의 구타에서 엄마를 구한 사건(이야기 2), 챙겨 줄 어른이 없거나 가계 곤란으로점심을 못 먹는 친구들과 한동안 자기 도시락을 나누어 먹은 일(이야기 3), 사촌 여동생에게 자신의 폭력피해 경험을 고백함으로써 그 아이도 유사한 경험으로부터 구조받게 한 사건(이야기 4)이었다.

상담 대화가 과거의 아름다운 사건을 다시 이야기하는 데 그친다면 그것은 회상작업에 불과하다. 이야기치료의 이야기 재저작 작업은 그 이상의 것을 추구한다. 즉, 이들 이야기 하나하나에 대해 내담자의 행동이나 선택 이면에 작용하는 의도를 드러내고자 한다. 이들 이야기에 기초하여 내담자가 인간으로서 어떤 존재인가, 무얼 중시하고 어떤 것을 추구하는 사람인가에 대해 지배적 이야기에 담긴 이미지와 다른 결론을 이끌어 내고자 하는 것이다.

그러나 누군가의 삶의 이야기에서 이전과 다른 결론을 도출해 내는 작업은 쉬운 일이 아니다. 내담자의 삶의 이야기는 갖은 문제와 빈약한 정체성으로 가득 차 있고 그것은 이미 주변에 너무 많이 알려져 있기 때문이다. 그래서 새로 구성하는 이야기가 충분한 설득력을 갖고 있지 않다면 어지간해서는 지배적 이야기의 힘

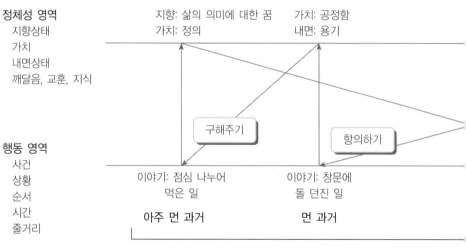

을 약화시키거나 그것을 뛰어넘기 어려울 것이다.

그래서 White는 이야기의 영역을 크게 행동 영역과 정체성 영역으로 나누고, 행동 영역과 정체성 영역의 텍스트를 교대로 만들어 가면서 이야기 전체를 풍부하게 발달시켜 나가는 재저작 절차를 고안하였다. [그림 6-1]을 다시 보면 상담 대화가 현재 시점에서 출발하여 행동에서 정체성으로 그리고 정체성에서 다시 행동으로 두 영역 사이를 번갈아 이동하는 방식으로 흐르고 있음을 볼 수 있다. 이제는 상담자가 영역별로 어떤 종류의 텍스트를 발달시켜야 하는지, 그러한 텍스트를 만들어 내기 위해 어떻게 질문해야 하는지, 그리고 텍스트를 발달시키기 위한 문답의 전반적 과정을

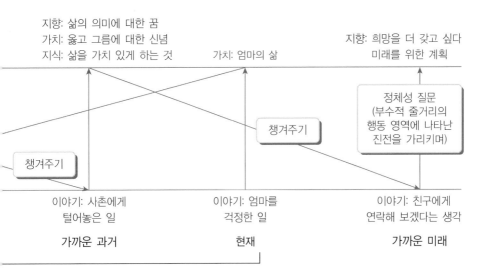

[그림 6-1] 재저작 대화의 구조: 영역과 순서

출처: White(2012), pp. 126-127.

어떻게 진행해야 할지를 살펴본다.

(1) 행동 영역의 질문

행동 영역은 이야기의 줄거리와 이야기 저변의 주제를 이루는 일련의 사건으로 이루어진다. 상담 대화에 들어오는 순간부터 내담자는 자신에게 일어난 사건들을 이야기하기 시작한다. 그 이야기는 특정 주제나 줄거리에 따라 내담자가 나름의 순서대로 엮은 일련의 사건이다. 내담자는 이야기의 재료를 가지고 있으나 그것을 풍성하게 풀어내지 못하는 경향이 있다. 상담자는 아직은 재료 상태로 있는 이야기가 보다 생생하고 풍부한 이야기로 발달할 수 있도록 중간중간 이야기를 촉진하는 질문을 던져 준다. 특히 세부 사항을 질문하고 답하는 과정을 통해 내담자가 하나의 사건을 중심에 두고 그 이야기를 촘촘하게 구성할 수 있도록 도와준다.

> 상담자: 어렸을 때 있었던 일 중에 아들이 엄마 생각을 얼마나 많이 하는지 보여 줄 수 있는 이야기가 있을까요?
> 상담자: 그때가 언제였지요? 거기가 어디였고 누가 있었지요?

이야기 다시 쓰기를 시작할 때는 여러 개의 사건을 다루는 것보다 내담자가 가장 선호하는 사건, 혹은 상담자 시각에서 내담자에게 도움이 될 것으로 보이는 사건 하나에 집중하여 그 이야기를 풍부히 발달시키는 편이 효과적이다. 그러면 하나의 사건을 풍부하게 이야기한다는 것은 어떤 의미인가? 상담자가 마치 그 장면에 함께 있었던 것과 같은 착각을 불러일으킬 정도로 그 이야기가 생생하게 묘사되는 상태라고 설명할 수 있겠다. 앞의 모자 사례에서 상담자는 어머니 기억 속에 존재하는 아들의 행동을 현재 시점에 소환하여 보다 자세히 설명하도록 한 뒤, 그 행동을 '항의하기'로 정의하는 작업을 수행하였다.

> 상담자: 그때 아드님이 한 일이 어떤 일이었다고 생각하시나요? 그때 그 행동을 뭐라고 부르면 좋을까요?
> 어머니: 잘 모르겠어요. 별로 그런 식으로 생각해 보지 않아서요.
> 상담자: 아까 아드님이 '삶이 무의미하다.'고 했는데요. 그때 그 행동이 '삶이 무의미하다.'는 생각에 어울리는 행동인가요?
> 어머니: 아니요. 당연히 아니지요. 제가 당하고 있으니까 막 항의를 한 거예요.

여기서 상담자가 주의를 기울일 부분은 발생한 사건을 촘촘하게 설명하는 것은 물론 그 이야기 가운데 내담자가 어떤 선택과 행동을 했는지에 관한 이야기가 나올 수 있도록 대화를 이끌어야 한다는 것이다. 상담자의 도움을 받아 이렇듯 세세히 풀어낸 내담자의 이야기에는 내담자의 자질, 원칙, 소신, 신념, 가치. 희망이나 꿈, 삶의 지향, 헌신하는 것 등이 담겨 있게 마련이다([그림 6-1] 참조). 내담자의 주체적 행동이 이야기 속에 선명하게 드러나면 행동의 의미를 탐색할 준비가 된 것이다. 이제 상담자는 자연스럽게 정체성 영역으로 이동하여 행동의 의미에 대해 질문을 시작할 수 있다.

(2) 정체성 영역에 관한 질문

정체성 영역은 '그 행동과 관련이 있는 이들이 알거나 생각하거나 느끼는 것 혹은 알거나 생각하거나 느끼지 못하는 것'으로 이루어져 있다(Bruner, 1986; White, 2012). 이 영역은 주인공의 의도가 깃들어 있는 곳으로서 상당 부분이 행동 영역에 존재하는 다양한 사건에 대한 반추, 다시 말해 주인공이 그 사건에 붙인 의미, 그 사건 이면에 존재하는 주인공의 의도, 지향, 목적, 혹은 그런 사건을 기초로 주인공이 다른 주인공들의 성격이나 정체성에 관해 내린 결론 등으로 이루어져 있다(White, 2012).

이 단계에서 상담자는 내담자의 의도상태([그림 6-2] 참조)를 파악하기 위한 질문을 던지는 데 초점을 둔다. 흔히 내면상태

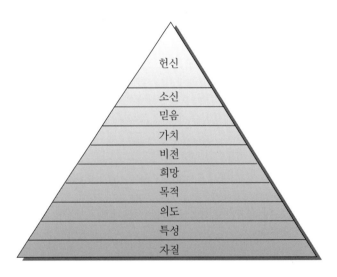

[그림 6-2] 의도상태

출처: 정문자 외(2018), p. 394.

(internal states)는 자제, 자립 등 성장과정에서 자연스럽게 발달하는 것으로 간주된다. 이와 대조적으로 의도상태(intentional states)는 자신의 선택과 주변의 지지 속에서 지속적으로 재구성되는 것으로 이해된다. 의도상태는 포스트구조주의에서 말하는 개인의 정체성을 대변하는 것으로, 내담자의 의도상태에 대한 이해는 곧 인간으로서 내담자에 대한 이해와 같다고 할 수 있다.

이전 단계에서 내담자 행동에 관한 새로운 텍스트가 만들어지면, 그 텍스트에 기초하여 내담자 행동의 의미를 탐색하는 질문을 던진다. 상담자는 행동 영역에서 구성된 사건 이야기에 집중하면서, 내담자를 그러한 행동으로 이끈 믿음, 가치, 의도, 목적의식 등 내담자 행동 이면에 존재하는 의도상태가 구체적으로 어떤 것들인지를 질문하게 된다. 앞의 모자 사례에서 상담자는 다른 아이들을 구해 주는 행동을 보며 아들이 어떤 심성의 아이란 생각을 하게 되었는지, 무엇을 중시하는 아이인지, 어머니에게 질문했다.

> 상담자: … 그 일이 있고 나서 아들이 용기 있고 공정한 걸 중시하는 아이란 걸 알게 되었다고 하셨지요. … 그러면 어머니 마음속에 아들에 대한 어떤 이미지가 있을 텐데요. 학교에서 있었던 일을 다시 생각해 볼 때 다른 애들을 구해 주는 행동이 그 이미지를 만드는 데 어떤 역할을 했을까요?

한편, 아들에게는 '용기 있고 공정한 걸 중시하는 아이'란 어머니의 표현이 어떻게 느껴지는지 질문했다. 이러한 정체성이 처음 나왔을 때 아들은 그것이 자신과 관계있다는 생각을 하기 어려워하였다. 이에 상담자는 아들이 그러한 됨됨이를 가진 사람이라는 걸 잘 보여 줄 수 있는 사건(이야기 3, 4)을 이야기해 달라고 요청했다. 이 요청으로 모자와의 재저작 대화는 다시 행동 영역으로 옮아 가게 되었다. 이후 모자가 함께 그 이야기를 해 나가는 과정에서 아들은 그러한 정체성을 자신의 것으로 이해하는 데 점점 더 적극적이 되어 갔다.

> 상담자: 엄마 말씀이 네가 어리지만 불의가 뭔지 아는 아이였다고 하시는데, 꿈을 잃지 않기 위해 얼마나 애썼는지 이야기하시는데, 이런 것들이 모두 너랑 관계가 있는 것 같니?
> 상담자: 엄마가 네가 어렸을 때 있었던 일들에 대해 이야기해 주셨고, 그 일을 통해 네가 무엇을 중시하는 사람인지 알게 되었다고 하셨어. 그런데 넌 그 이야기를 어떻게 너 자신과 연결시킬 수 있었니?
> 상담자: 요즘 있었던 일 중에 방금 너 자신에 대해 알게 된 점을 잘 보여 줄 수 있는 이야기가 혹시 있을까?

이 과정은 정체성 영역의 질문이 사건과 행동의 이야기를 토대로 내담자의 됨됨이(moral character)에 대한 잠정적 결론을 도출하는 작업이라는 것을 잘 보여 주고 있다. 그런 의미에서 이야기를 다시 쓰는 것은 이야기를 재협상하는 것이자 내담자 정체성을 재협상하는 것과 같다.

3) 기대 효과

상담자는 인간으로서의 내담자의 됨됨이에 대한 풍부한 이해를 목표로, 하나의 독특한 사건에서 출발하여 다양한 이야기를 발달시키는 가운데 그 사람의 삶의 가치나 지향 등이 제 모습을 드러내도록 하는 데 주력한다. 재저작 대화의 시작 지점에서 내담자의 대안적 이야기는 풍성하지 않다. 특정 사건을 온전히 이해하기 위해서는 사건에 대한 이야기와 그 의미에 대한 이야기가 풍부하게 이루어져야 하는데, 행동 영역과 정체성 영역이라는 개념은 인간의 행동을 내러티브 틀 속에서 이해하는 과정에 구체성을 더해준다.

대안 이야기가 처음 만들어질 때는 한 올의 거미줄같이 가늘고 빈약하며 중간중간 공백이 존재한다. 그러나 행동 영역과 정체성 영역을 교차하는 대화가 진행되면서, 이야기 공백이 메워지고 대안 이야기의 플롯이 복잡하게 발전하며 점차 분명한 제목(주제)을 가진 풍부한 이야기가 제 모습을 드러낸다(White, 2012).

독자는 문학작품을 읽는 과정에서 자신의 삶의 경험과 극적 만남을 경험함으로써 작품 이야기의 공백을 메우고 또 그 이야기대로 산다. 이와 유사하게, 내담자 또한 재저작 대화를 통해 자신의 삶에 대해 특정 사실을 새롭게 발견하고 해석하는 인생과의 극적 만남을 통해 자기 이야기의 공백을 메우고 또 그 이야기대로 살아가게 된다(White, 2004). 그런 의미에서 내담자의 대안 이야기는 삶의 어려움, 장애, 문제 등을 극복하고 해결하는 데에 있어 내담자가 이전과 다른 방식으로 대응하고 시도하는 원동력이 될 수 있다.

4. 회원재구성 대화

1) 개요

회원재구성 대화(Re-membering conversation)는 개인의 정체성이 주변 사람들과의 관계를 통해 만들어진다는 포스트구조주의 철학을 배경으로 한다. 심리치료에서 종종 언급되는 정체성은 인간 삶에 대한 근대적 이상(자제, 억제, 자립, 자기실현 등)을 중시하는 '캡슐에 싸인 정체성'이다. 한편, 이야기치료에서 말하는 정체성은 인생클럽을 통해 회원과 공동으로 생산하는 다중적이고 복합적인 성격의 것이다(White, 2004, 2012).

회원재구성이란 용어는 원래 문화인류학자인 Myerhoff(1986)가 유태계 노인 이민자를 연구하는 과정에서 그들이 자기 삶의 이야기를 하는 중에 여러 관련 인물들을 불러 모으는 특수한 회상 행위를 목격하고 이를 가리켜 사용한 데서 비롯되었다. 후에 White(1997b)가 내담자의 대안적 정체성 발달에 기여할 수 있는 인물을 상담 대화에 초대하는 기법을 고안하면서 인생 회원들을 다시 구성한다는 의미를 추가하였다.

이야기치료에서 회원이란 내담자의 과거나 현재나 미래 삶에서 중요한 위치를 차지하면서 내담자의 정체성 구성에 영향력을 행사하는 사람이나 존재를 말한다. 우리 주변을 돌아보면 많은 사람들이 동호회 등에 가입하여 다른 사람들과 함께 활동한다. 이와 유사하게 우리도 우리의 인생클럽에 속한 다른 사람들과 더불어 살면서 서로의 삶에 영향을 미친다. 다른 이들이 우리를 어떻게 바라보는지, 대인관계에서 우리가 스스로를 어떻게 경험하는지, 우리가 어떻게 타인과 함께 서로의 인생에 참여하는지를 포함하는 모든 것들이 우리가 어떤 사람이 되어 가는지에 영향을 미친다.

회원재구성 대화는 내담자로 하여금 중요한 사람들과의 관계 그리고 현재 자신의 정체성과 미래 모습에 대해 의도적으로 다시 생각하게 한다. 회원은 내담자와 직접적인 관계를 맺고 있는 사람이 될 수도 있고, 이미 세상을 떠났거나 연락이 두절된 친척이나 친구는 물론 단 한 번의 기회였으나 내담자의 삶에 중요한 긍정적인 영향을 준 낯선 사람, 용기 있고 고결한 삶의 모범을 보여 내담자의 삶에 영감을 준 인물이 될 수도 있다. 내담자에게 영향을 준 책의 저자나 영화 속 등장인물, 애완동물, 어린 시절 아꼈던 인형이나 장난감 등도 포함된다. 회원의 범위와 규모를 결정하는 것은 내담자이고 그 방법도 다양하다.

2) 회원재구성 대화 지도

> 회원 지정 → 회원의 기여 → 내담자의 기여

(1) 대화의 출발점

회원재구성 대화는 어디서 어떻게 시작할 수 있을까? 다음 세 가지 경우를 출발점으로 삼아 대화를 시작할 수 있다(Russell & Carey, 2004).

첫째, 내담자가 과거 자기 삶에 존재했던 누군가에 대해 긍정적인 언급을 할 때이다. 이때를 포착해 다음과 같이 질문할 수 있다. "이모가 지금 여기 계시다면 뭐라고 말씀하실까요? 내담자님이 그 일을 처리하는 과정을 보신다면 어떤 점을 가장 대견스럽다 하실까요?" 이런 질문은 내담자 정체성(자질, 가치 등)에 관한 표현이나 이야기를 촉진하는 것이며, 인생회원으로서 이모의 회원 자격을 강화하는 질문이다.

둘째, 내담자가 특정한 문제 상황과 관련하여 그 이슈를 다루는 기술(나름의 노하우)을 언급할 때이다. 처음 그 기술을 언급할 때는 자신감이 없이 혹은 대수롭지 않은 투로 이야기할 가능성이 큰데, 그때 그런 기술이 어디서 온 것인지 그 내력을 질문할 수 있다. 예를 들어, 어떻게 그렇게 할 생각을 했나요? 이제까지 그런 기술을 얼마나 오랫동안 어떻게 사용해 왔나요? 혹시 누군가 내담자님에게 그런 자세/생각/행동하는 방법을 알게 해 준 사람이 있었나요? 이런 질문은 특정한 가치나 기술 등을 중심으로 내담자의 삶과 다른 이의 삶을 연결시켜 준다.

셋째, 내담자가 빈약한 표현('희망 없고' '가치 없고' '멍청하고' '꼴보기 싫은' 등)으로 자신에 대해 부정적 결론을 내리는 경우, 앞서 그러한 결론에 들어맞지 않은 일이나 행동을 이야기했던 지점에 주목한다. 상담자는 그 이야기에 등장하는 회원과 내담자의 관계에 대한 이야기를 풀어내도록 다양한 질문을 통해 촉진한다. 이러한 대화 방식은 내담자가 자신을 부정적으로 판단하는 이들의 관점이 아니라 회원의 관점에서 자신의 삶을 바라보도록 한다. 상황이 허락된다면 내담자 삶의 목격자로서 그 회원을 상담 회기에 초대하여, 내담자가 어떤 노력을 하고 있는지에 대해 함께 이야기를 만들어 갈 수 있다.

이상과 같이 회원재구성 대화는 다양한 지점에서 다양한 방식으로 시작할 수 있다. 이같은 것들 모두 어려움 속에 처해 있는 내담자 주위에 지지적인 인물들을 의도적으로 불러 모으고 내담자의 인생클럽에서 이들의 회원자격을 높이는 활동이라 할 수 있다.

(2) 대화의 확장

① 회원의 기여 탐색하기

(회원)이 내담자 삶에 어떻게 기여했는지에 관해 풍부한 이야기를 나눈다. 그 회원과의 관계가 어떻게 시작되었는지, 두 사람 사

이에 어떤 일이 있었는지 등 인물, 장소, 맥락에 관한 사실적 질문으로부터 이야기를 시작할 수 있다. 이어서 (회원)이 내담자의 어떤 점을 귀히 여겨 주었나, 어떤 자질에 주목해 주었나, 내담자로 하여금 어떻게 그것을 깨닫게 하거나 발휘할 수 있도록 도와주었나 등의 질문을 던지면서 의미 있는 대상과의 관계가 자기 자신과 자기 삶에 대한 내담자 의식 또는 행동에 어떤 영향을 미쳤는지, 어떠한 결과로 이어지도록 했는지 풍부히 이야기하도록 촉진한다 (정문자 외, 2018).

> 상담자: 힘들었던 시간 속에서도 어떻게 희망과의 관계를 지속시킬 수 있었나요?
> 상담자: 내담자님이 희망을 버리지 않았다는 걸 알게 되었을 때, "역시 그럴 줄 알았어."라고 말해 줄 사람이 지인 가운데 누가 있을까요?
> 상담자: 그분은 내담자님의 어떤 면을 보고 "역시 그럴 줄 알았어."라는 말을 하게 될까요?

② 내담자의 기여 탐색하기

내담자가 (회원)의 삶에 어떻게 기여했는지에 관해 풍부한 이야기를 나눈다. 그 대상의 관심과 지지를 내담자는 어떻게 혹은 무엇이라 이해하였는지, 그러한 바람에 내담자는 어떻게 부응하거나 화답하였는지, 그러한 부응이나 화답이 그 대상에게는 어떤 의미였을지 등을 질문할 수 있다. 이러한 대화는 의미 있는 대상의 삶에 내담자가 기여한 부분을 조명함으로써 관계의 상호성에 대한 이해와 함께 타인의 삶에 기여하는 주체적 존재로서의 정체성을 발달시키는 효과가 있다(정문자 외, 2018).

상담자: 내담자님은 그분이 도움의 손길을 주었을 때 그 손을 잡았어요. 그것을 받아들였어요. 내담자님은 그것이 도움의 손길이라는 것을 어떻게 알아차렸지요?

상담자: 그분의 뜻을 알아차리고 그 손길을 받아들인 것이 그분 삶에 어떤 영향을 주었을까요?

상담자: 자신의 뜻이 그대로 이루어지는 걸 보는 건 그분에게 어떤 의미였을까요?

이 과정을 좀 더 세부적으로 이해하기 위해 다음에 제시된 재이 씨와의 상담 대화를 살펴보자. 재이 씨는 어린 시절 아동학대를 경험한 40대 여성 내담자로 자신이 가치 없고 희망 없는 인간이라는 매우 부정적인 생각을 가지고 살아왔다. 생을 마감하고 싶다는 생각을 여러 번 하면서 죽을 고비를 넘긴 적도 있다. 상담자는 내담자의 과거 기억으로부터 이웃집 아주머니를 소환하여 회원재구성 대화 지도에 따라 상담을 진행하였고, 이 대화는 재이 씨 삶의 전환점이 되었다.

회원재구성 대화를 통해 내담자의 삶과 정체성이 회원과의 관계 속에서 어떻게 발달했고 그러한 발달이 다시 서로의 삶과 정체성에 어떤 기여를 했는지에 관해 풍부한 텍스트가 생성되면, 상담자의 관심사는 이 텍스트가 대안적 이야기 속에 뿌리내리도록 하는 작업으로 이동한다. 이 장면에서 상담자는 다음 절에서 설명하는 정의예식과 외부증인집단, 치료적 문서 등의 방법을 통해 이제

막 쓰기 시작한, 자신의 과거, 현재, 미래에 관한 좀 더 풍부한 이야기를 계속해서 써 나가고 확장해 나갈 수 있도록 내담자를 지원할 수 있다.

상담대화 **재이 씨의 회원재구성 이야기**

① 회원이 재이 씨 인생에 어떻게 기여했는가(회원 → 재이 씨)

상담자는 여러 가지 어려움에도 불구하고 재이 씨가 어떻게 이 희망을 유지할 수 있었는지에 초점을 두고 이 희망이 그녀의 삶과 관계가 있다는 증거를 찾고자 하였다. 과거 경험을 묻는 상담자 질문에 재이 씨는 이 희망을 지켜 주고 확인시켜 주었던 이웃집 아주머니에 대해 이야기해 주었다. 무엇보다 아주머니는 재이 씨를 편안하게 해 주었으며, 배고플 때 먹을 것을 주었고, 바느질과 뜨개질도 가르쳐 주었다고 했다.

상담자는 다음과 같은 질문을 던지면서 아주머니가 어떻게 재이 씨의 삶에 기여했는지, 그분이 그렇게 기여한 것을 보면 재이 씨가 어떤 사람이라는 것을 알 수 있는지, 아주머니가 재이 씨를 어떻게 보았을지에 대해 이야기를 나누었다. 재이 씨가 이런 질문에 답하는 과정에서 자신의 가치에 대한 긍정적 이야기가 나오게 되었고 이에 대해 재이 씨 스스로도 놀랐으나, 시간이 지나면서 이제까지 자기 자신에 대해 생각했던 것과는 상당히 다른 이야기를 하기 시작했다.

- 아주머니가 당신을 그렇게 챙겨 준 이유가 뭐라고 생각하세요?
- 당신 부모님에게는 보이지 않았지만 그 아주머니에게는 보였던 것이 뭐였을까요?
- 아주머니가 당신에 대해 소중히 여겼던, 남들이 모르는 부분은 어떤 것이었을까요?

② 재이 씨가 회원 인생에 어떻게 기여했는가(재이 씨 → 회원)

이제 상담자는 입장을 바꿔서 재이 씨가 아주머니의 삶에 어떤 기여를 했는지 이야기하도록 하였다. 자기 자신을 항상 아주머니가 주는 것을 받기만 하는 수동적이고 짐스러운 존재라고 재이 씨는 생각해 왔기 때문에 자기가 아주머니의 삶에 기여했을 수 있다는 생각은 그 자체만으로도 재이 씨에게는 놀라운 전환이었다. 상담자는 다음 질문을 통해 재이 씨가 아주머니 삶에 기여했다는 것을 인식할 수 있도록 하였다. 이 과정에서 재이 씨는 기쁨을 느끼는 동시에 먹먹해지기도 했다.

- 아주머니가 바느질이나 뜨개질에 의미를 두었다고 했는데, 그분이 그걸 함께 하자고 초대했을 때 재이 씨는 거기에 응했나요 아니면 거절했나요?
- 그렇게 아주머니의 취미생활에 함께한 것은 의미 있는 것을 함께 나누고자 하는 아주머니의 생각을 존중해서인가요?
- 아주머니의 취미생활인 바느질과 뜨개질에 당신이 동참한 것은 아주머니에게 어떤 경험이었을까요?
- 재이 씨가 아주머니 초대를 받아들인 결과, 아주머니 삶은 어떻게 달라졌을까요?

다음 단계는 재이 씨의 행동이 아주머니의 정체성에 어떤 영향을 미쳤는가를 알아보는 것이었다. 다음 질문들은 재이 씨의 기여가 아주머니의 자기 이미지와 삶의 목적에 어떠한 영향을 주었는지, 아주머니가 소중하게 생각하는 가치와 목적을 어떻게 인정해 주고 강화시켜 주었는지, 그리고 아주머니가 삶을 어떻게 더 풍부하게 바라보게 해 주었는지를 묻는 것이었다.

- 재이 씨 행동이 아주머니의 인생관이나 삶의 목적에 어떤 영향을 미쳤을까요?
- 그것이 아주머니가 소중하게 생각하는 가치를 더 확신하게 되는 계기

가 되었을까요?

• 만일 그랬다면, 어떤 가치에 대해 더 확신하게 되었을까요?
• 그것은 아주머니가 삶에서 중시하는 것에 어떤 영향을 미쳤을까요?
• 아주머니 입장에서 봤을 때, 재이 씨를 알게 되고 함께 함으로써 자기 삶이 어떻게 달라졌을 것 같으신가요?

　앞의 질문에 따라 이야기를 진행하는 가운데 재이 씨는 그동안 아주머니와의 관계가 완전히 일방적인 것이라 생각했으나 실은 서로 주고받는 관계였다는 사실을 깨달았고 그것은 재이 씨에게 엄청난 경험이었다. "저 자신, 짐스러운 사람이라 생각했었어요. 일곱 살짜리 여자애가 누구에게 무언가를 주었을 거란 생각을 어떻게 했겠어요? 이런 이야기를 하니 마음이 이상해요. 난생 처음 어린 시절의 제가 소중하다는 생각이 들어요. …"

출처: White(2012), pp. 166-170 발췌 수정.

3) 기대 효과

　첫째, 이 대화를 통해 내담자는 자신의 삶 속에 존재하는 여러 관계를 다른 식으로 수정할 수 있는 기회를 갖게 된다. 회원에 따라 그 지위를 강화시키거나 격하시키기도 하고 심지어 퇴출시킬 수도 있는 등 주도적으로 자신의 인생클럽 회원을 정비하는 기회를 갖게 된다. 회원재구성 대화에 등장했던 의미 있는 대상의 경우 '나의 인생클럽'이라는 은유적 모임에 회원으로 초대하거나 가입을 권유할 수 있다. 자신을 학대하고 방치하며 강압적으로 행동하는 등 자신에게 손상을 입힌 사람에 대해서는 '인생클럽'에서 제외시키기를 희망할 수 있다(White, 2012).

둘째, 회원재구성 대화는 수동적 회상이 아니라 내담자 인생에서 의미 있는 정체성이나 인물과 의도적 만남을 가지기 위한 것이다. 인생 클럽 회원과의 관계 속에서 일어난 일들을 상세하게 풀어내는 과정에서 내담자가 선호하는 정체성 그리고 삶의 지식과 기술이 드러나면서 결과적으로 내담자는 자신이 삶에 대해 박식하다는 느낌을 갖게 된다. 이는 앞으로 삶을 어떻게 살아 나갈지에 관해 내담자가 구체적 제안을 발전시키는 토대가 된다.

5. 정의예식

1) 개요

정의예식(definitional ceremony)은 내담자가 자신의 선호하는 정체성을 다른 사람들 앞에서 사회적으로 인정받는 경험을 갖도록 하는 의식이다(White, 2012). 내담자의 선호하는 이야기가 상담자와 공유되는 데 그친다면 그 이야기는 화석이 되고 만다. 내담자의 선호하는 이야기는 내담자의 일상과 대인관계 속에서 경험되어야 하는데, 이런 경험은 그 이야기가 의미 있는 이들에 의해 목격되고 그들로부터 인정받을 때 비로소 가능해진다. 정의예식은 내담자의 선호하는 정체성이 정당한 것임을 드러내는 장으로서,

자신이 선호하는 정체성에 따라 내담자의 존재가 정의되기 시작하는 지점이다.

정의예식이란 용어는 원래 문화인류학자 Myerhoff가 미국사회에서 비주류로 살아가는 유태계 노인들을 연구한 프로젝트(Myerhoff, 1986)에서 비롯되었다. 그 노인들은 이민자였고 주류문화에 속한 간병인이나 가사도우미 등 이방인에 둘러싸여 있었기 때문에 주변에 자신들의 지나온 과거나 문화를 깊이 이해하는 자연 상태의 목격자가 존재하지 않았다. 그래서 그들은 노인복지센터에서 모여 전통 명절이나 기념일을 유태식으로 지내거나 과거 이야기를 반복적으로 주고받으며 소일했다. 그들에게 이 과정은 자신이 원하는 방식대로 자신이 남들에게 인식되는 기회였고, 이를 통해 그들은 삶의 의미, 재미, 존재감을 찾아가고 있었다. 즉, 이 과정은 자신의 정체성을 지속적으로 만들어 가는 하나의 퍼포먼스였던 것이다.

후에 White는 내담자가 내세우고 싶어 하는 자기 정체성을 인정해 주기 위한 방법의 하나로 이야기치료에 정의예식 개념을 도입했다. 그러면서 외부증인을 통해 내담자의 선호하는 정체성을 목격하고 지지하도록 하는 특수한 대화 방식을 고안했다(White, 1995b). 여기서 외부증인(outsider witness)이란 상담 대화에 초대된 제삼자를 말한다. 청중의 입장이 되어 내담자의 선호하는 이야기와 정체성 주장을 들어 주고 인정해 주는 역할을 수행한다. 외부증인은 가족, 친구 등 주변 사람이 될 수도 있고, 상담자집단(반영팀)과 같이 기존 네트워크 외부에 있는 사람이 될 수도 있다. 경우에 따라, 유사한 어려움을 경험했던 과거 내담자 가운데 외부증인 역할에 동의한 이들을 초대할 수 있다.

외부증인은 다음의 두 가지 목적을 충족하는 데 도움이 된다. 첫째, 내담자가 주장하는 자기 삶의 이야기와 정체성이 정당한 것임을 인정해 준다. 둘째, 외부증인 자신이 중시하는 가치를 잘 보여 줄 수 있는 자기 이야기를 공유함으로써, 내담자의 고립을 감소시킨다. 누군가가 우리 삶과 우리 지향을 인정하는 발언을 하고 또 그 사람으로부터 자신도 그런 지향을 갖고 산다는 이야기를 듣는 경험은 우리에게 힘이 된다. 특정 가치를 중심으로 다른 사람들과 이어지는 경험은 막강한 힘을 발휘할 수 있기 때문이다.

상담 대화에 외부인을 관여시킨다는 발상은 그리 새로운 것이 아니다. 가족치료 분야에서는 주 치료자가 가족들과 대화를 하는 동안 치료팀이 일방경 뒤에서 그 장면을 관찰하고 다양한 개입을 함께 구상하곤 하는 전통이 있다(정문자 외, 2018). Andersen은 가족의 이야기를 경청하는 데 있어 상담자 익명성을 유지하는 관행에 도전하면서, 상담치료에 반영팀을 활용하는 방안을 다양하게 탐색하였다(Andersen, 1987). 1980년대 후반 밀란 가족치료학파에서도 전문가 반영팀이 가족회기를 관찰하며 그 인상을 나누는 장면을 가족에게 관찰하도록 하는 등 이전까지 비공개로 진행되던 '전문가들' 간의 대화를 가족과 공유하는 시도를 감행하면서 포스트모던상담 시대의 문을 열게 되었다(Cecchin et al., 1994).

2) 정의예식 및 외부증인대화 지도

우리가 말하는 우리 자신의 내러티브는 사적이거나 개인적 차원에 머무르는 것이 아니라 사회적 성취 차원에서 이해될 필요가 있다(White, 2012). 자기 정체성을 고립된 상태에서 유지하기란 매우 어려운 일이어서, 우리는 자기 자신에 대해 내세우고 싶은 바를 거꾸로 우리에게 확인시켜 줄 누군가를 필요로 한다. 그래서 상담자는 상담 회기를 통해 인위적으로 그러한 경험의 장을 만들어 내고자 한다.

정의예식 대화는 말하기(telling)와 다시 말하기(retelling) 방식을 통해 내담자와 외부증인이 교대로 이야기를 하는 구조로 이루어져 있다. 외부증인이 이러한 방식에 익숙하지 않은 경우, 무엇을 듣고 무엇을 말하도록 할지에 대해 상담자의 각별한 주의가 필요하다. 정의예식 대화는 다음 순서로 진행된다(White, 2012). 상담자는 매 단계의 대화가 궤도에 따라 적절히 진행되도록 할 책임이 있다.

	T		R		RR		RRR		
내담자	→	외부증인	→	내담자	→	외부증인	→	모두 함께

T: Telling, R: Retelling, RR: Retelling of Retelling…

(1) 말하기(telling)

내담자는 정의예식을 통해 정체성을 새로이 정의하고자 하는 사람으로서 이 예식의 주인공이다. 상담자는 주인공인 내담자를 면접하면서 내담자가 선호하는 자기 삶의 이야기를 말하도록 한다. 이때 외부증인들은 청중의 입장이 되어 그 이야기를 경청한다.

(2) 다시 말하기(retelling)

이제 서로 역할을 바꾸어, 외부증인들은 이야기를 하고 내담자는 그들의 이야기를 경청한다. 외부증인들은 앞서 내담자가 말한 이야기에 대해 그들이 무엇을 들었고 그 의미가 어떻게 다가오는지 이야기한다. 이때 상담자는 '상담지침-반영하기'(p. 136)의 4단계 반영 순서에 따라 외부증인을 면접하는 방식으로 대화를 이끌어 간다. 외부증인이 전문상담자인 경우 이 순서에 따라 스스로 말하기도 한다.

(3) 다시 말하기의 다시 말하기(retelling of retelling)

주인공과 청중이 원래의 역할로 돌아온다. 상담자는 앞서 외부증인들이 말한 이야기를 듣는 것이 어땠는지, 주인공에게 그 경험을 질문한다. 상담자는 주인공의 응답을 촉진하기 위해, 4단계 반영 순서에 따라 질문하고 주인공은 그에 응답한다.

(4) 다시 말하기의 다시 말하기의 다시 말하기(retelling of retelling of retelling)

주인공과 청중을 포함한 모든 참여자가 함께 모여 정의예식 전체에서 경험한 것들을 이야기한다. 또한 내담자나 청중은 상담자가 어떤 이유에서 그런 질문들을 던졌는지 물어볼 수도 있다. 이 단계는 4단계 반영 순서에 따르거나 상황에 따라 유연하게 진행할 수 있다.

상담지침 **반영하기**

1단계. 표현(expression)

내담자가 이야기를 들으면서 가장 마음에 와닿은 것, 특별히 관심이 생긴 것을 중심으로 이야기해 달라고 요청한다.

• 방금 들은 이야기 중에 인상 깊었던 단어, 표현, 장면은 어떤 것인가요?

2단계. 이미지(image)

이야기를 들으면서 어떤 이미지가 떠올랐는지, 특히 와닿는 표현을 들었을 때 떠오르는 이미지를 질문한다.

• 그 부분과 관련하여 어떤 이미지나 생각이 떠올랐나요?

• 주인공이 무엇을 중시하거나 지향한다는 짐작을 할 수 있을까요?

3단계. 공명(resonance)

외부증인의 삶의 경험과 연관지어 특별히 관심을 가지게 된 것을 이야기하도록 한다.

• 그 부분이 특히 인상적이었던 이유가 있을까요?

• 당신의 개인적 경험과 어떤 연관이 있나요?

4단계. 이동(transport)

이야기를 직접 듣게 된 기회가 자신에게 어떤 생각의 변화를 가져오게 했는지를 이야기하도록 한다.

• 이 대화를 하면서 새롭게 든 생각이나 깨달음이 있을까요?

• 혹시 어떤 다른 가능성이 생겼을까요?

이와 같이 이야기 주인공과 청중이 교대로 이야기하는 과정에서 주인공의 삶에 대한 대안적 주제와 대안적 줄거리가 풍부해진다. 나아가 그런 주제들을 통해 그리고 그 주제에 담겨 있는 가치, 목적, 헌신의 대상 등을 통해 서로의 삶이 연결되는 현상을 참여자들 모두가 경험하게 된다. 결과적으로 참여자 모두가 삶의 여정에서 정의예식 이전과 다른 지점(transport)에 도달하게 된다. 그런 의미에서 정의예식은 자기 내러티브의 지평이 확장되는 경험을 참여자 모두에게 제공해 주는 기법이다.

이때 반드시 기억할 점은 정의예식의 중심이 되는 것은 내담자이고, 외부증인의 이야기는 결국 내담자의 선호하는 이야기를 풍부하게 하는 데 주된 목적이 있다는 것이다. 따라서 외부증인이 내담자 이야기의 어떤 부분이 자신의 삶에 어떤 공명을 일으켰는지를 설명할 때, 상담자는 이야기의 초점이 주인공에게 회귀하는 방식으로 대화가 맺어지도록 이끌어야 한다(Russell & Carey, 2004).

상담대화 유나와 혜리를 이어 준 정의예식 이야기

　　유나(16세)는 거식증으로 두 차례 입원 경험이 있다. 첫 만남에서 상담자는 과거에 비슷한 어려움으로 상담을 받았던 내담자 혜리가 외부 증인 목록에 있음을 기억하고, 유나에게 혜리의 연락처를 건네주었다. 두 번째 상담에서 유나는 얼마 전 혜리와 통화를 했고 도움이 되었다고 했다. 무엇보다 혜리가 자신을 잘 이해해 준다고 했다. 그래서 상담자는 혜리를 초대할지의 여부와 그 방식을 유나 가족과 논의하였고, 그들이 이런 식의 상담을 적극 환영함으로써 이들의 만남이 성사되었다.

　① 말하기: 유나 가족

　　혜리는 네 번째 상담에 초대되었다. 상담자가 유나 가족과 이야기하는 동안 혜리는 청중의 입장에서 그 이야기를 들었고, 유나와 부모는 주로 거식증의 술수가 가족의 삶과 가족관계에 어떤 영향을 미쳤는지, 이 과정에서 가족들은 어떤 경험을 했는지, 거식증의 영향에 맞서 지킬 수 있었던 삶의 부분들은 어떤 것들이었는지, 거식증의 역할에 어떻게 대항했는지에 대해 이야기했다.

　② 다시 말하기: 혜리

　　유나 가족이 이야기를 마친 후, 역할을 바꾸어 이제 유나와 부모가 청중이 되고 혜리가 말하는 입장이 되었다. 상담자는 혜리가 무엇을 어떻게 들었는지 '4단계 반영'에 따라 다음과 같이 질문했다.

• 방금 들은 이야기 중 가장 인상 깊었던 부분은 어디였을까요?
• 그 이야기를 들으면서 이 가족에 대해 어떤 생각이 들었어요? 어떤 이미지가 떠올랐나요? 그런 이미지를 생각할 때 유나 부모님이 소중하게, 가치 있게 생각하는 게 무엇이란 생각이 드나요?
• 이번에는 그런 이야기가 혜리 인생에서 어떤 기억을 떠올리게 하는지 이야기해 주세요.

• 사람들은 중요한 이야기를 듣고 응답하는 경험을 하게 되면 자기 자신의 삶에 대한 입장에도 뭔가 변화를 느껴요. 그러면 평소 하지 않던 생각을 하게 돼요. 삶에 대한 새로운 인식이랄까, 새로운 깨달음이랄까? 혹시 그런 것이 있을까요?

상담자의 [1단계] 질문에 혜리는 거식증이 유나에게 완벽을 강요하고 있다는 말, 어머니도 그러한 강요에 압도당하고 있다는 것, 그리고 아버지가 그 과정을 배움이라는 열린 마음으로 바라보는 점이 인상적이라고 했다. [2단계]에서 혜리는 유나 가족의 이야기를 들으면서 회오리바람의 은유를 사용하여 꿈을 지키려는 모녀의 모습과 어려운 현실 앞에서 자기 변화를 결심하는 아버지의 모습을 설명했다. 이어서 [3단계]에서는 과거에 혜리 자신도 빗발치는 기대로 인해 어려운 시간을 보낸 것과 모녀관계에 힘입어 거식증을 극복한 경험을 이야기했다. 이 이야기는 유나 가족에 대한 혜리의 설명이 어디서 비롯되었는지를 알게 해 주는 것이었다. 마지막 [4단계]에서 혜리는 이 대화로 인해 자신이 어떻게 자기 삶을 되찾았는지를 좀 더 명확히 보게 되었다고 했다. 그러면서 어머니에 대한 고마움과 아버지의 역할에 대한 이해가 더 깊어졌고, 아버지와 더 이야기해 보고 싶은 생각이 들었다고 했다. 이상과 같은 혜리의 다시 말하기는 유나와 부모에게 큰 파장을 남겼다.

③ 다시 말하기의 다시 말하기: 유나 가족
이제 다시 역할을 바꾸어 혜리는 청중의 입장으로 돌아가고, 상담자는 유나 가족과 함께 혜리의 다시 말하기를 듣고 난 소감을 나누었다.

• 혜리의 이야기에서 기억에 남는 부분은 무엇인지요?
• 혜리의 이야기를 듣고 자기 자신에 대해 어떤 이미지를 떠올리게 되었는지요?
• 혜리의 여러 이야기 가운데 왜 특정 부분에 끌리게 되었는지요?
• 이 대화를 통해 새롭게 하게 된 생각이나 깨달음이 있을까요?

유나는 거식증의 술수를 더 명확히 인식하게 되었고 거식증을 극복한 자신의 미래를 희미하게나마 그려 볼 수 있게 되었다고 했다. 아직 거식증을 옹호하는 생각과 자신을 강하게 만드는 생각을 구분하는 것이 어렵지만 안개가 어느 정도 걷히는 느낌이라고 했다.

유나 어머니도 그간 실패감과 죄책감에 시달렸는데 그런 느낌이 약간 가벼워진 것 같고 상상 이상으로 인정받고 이해받은 느낌이라고 했다. 그간 완벽해야 한다는 생각 때문에 무척 힘들었는데 그것을 밖으로 표현하고 자신이 원하는 것에 대한 생각할 수 있게 되고 여성으로서의 기대에 도전할 수 있게 된 점, 그리고 이 모든 전환이 딸 유나의 경험에서 영감을 얻은 것이라고 하였다.

이 말을 들은 유나는 한동안 말을 잇지 못했으며 상담자는 이 이야기가 유나가 느끼는 황폐함과 공허함에 좋은 해독제가 될 것이라는 인상을 받았다.

한편, 아버지는 잘 견딜 수 있는 쪽으로 휘는 방법을 찾는 데 자신이 힘을 보태고 있는 듯하다는 혜리의 말이 인상적이었다고 했다. 아버지는 이 모든 것이 자신에게는 너무 힘이 드는 일이라고 말했다. 한 번도 해 본 적이 없는 일들을 해야만 하기 때문이라고 했다. 그래서 저항감이 생기지만 나름 그런 생각을 좀 누그러뜨리는 방법을 개발했다고 했다. 조금은 덜 고집스러워진 자신에 대해 자부심을 느끼기도 한다고 했다.

출처: White(2012), pp. 206-218 발췌 수정.

3) 궤도 이탈의 신호와 대응 전략

정의예식을 진행하는 과정에서 상담자는 다양한 난관에 부딪힐
수 있다. 상담자는 외부증인이 어떠한 방식으로 대화 취지에서 벗
어난 발언을 할 수 있는지 그리고 그러한 장면을 어떻게 다룰 수
있을지와 관련하여 준비된 자세로 임할 필요가 있다. 다음 '상담
지침'은 정의예식에서 외부증인이 궤도를 이탈하지 않고 제 역할
을 수행하도록 하는 데 도움이 된다. 상담자가 내담자와의 전문적
관계에서 탈중심적이면서도 영향력 있는 입장을 견지해 나가는
데도 도움이 된다.

상담지침 **외부증인 응답 시 주의사항**

- 주인공에 대한 칭찬을 자제한다.
- 주인공에 대한 조언을 자제한다.
- 주인공의 대안적 이야기에 집중한다.
- 자기 이야기에 빠져들지 않는다.
- 혼자 오래 이야기하지 않는다.
- 다른 외부증인의 이야기를 토대로 말한다.
- 규범적 판단을 강요하지 않는다.
- 참여자 신상은 비밀 보장하되 대화 주제나 결과는 널리 공유할 수 있다.

출처: Russell & Carey(2004), pp. 76-82.

---

4) 기대 효과

정의예식은 이야기치료가 다른 상담접근과 가장 차별되는 부분으로, 상담실 내부에서 이루어 낸 성과가 상담실 외부에서 전개되는 내담자의 삶의 현장으로 이어지도록 하는 다리 역할을 한다. 정의예식의 장을 통해 내담자는 자신이 바라는 삶의 모습이 지속되고 확장되는 방향으로 삶의 이야기를 발전시킬 수 있게 되며, 자기 삶과 정체성에 대해 한층 더 새로운 가능성을 가지게 된다. 정의예식에 참여한 내담자들이 언급한 다음 소감(Russel & Carey, 2004)을 통해 외부증인을 활용한 정의예식의 영향력을 확인할 수 있다.

- 제 인생이 다른 사람들에게 그렇게 큰 의미가 있을 줄은 몰랐습니다.
- 그분들(외부증인들)이 제 이야기를 얼마나 주의 깊게 들어 주셨는지 정말 믿을 수가 없을 정도예요.
- 그분들의 이야기를 들으면서 저의 인생에 대해 전과 다른 식으로 생각하게 되었어요.
- 처음에는 제 이야기를 한다는 게 너무도 겁이 났는데 이제 보니 그만한 가치가 있었네요. 여러분 모두 제 이야기가 의미가 있는 이야기라는 것을 깨닫게 해 주셨어요. 제 이야기가 다른 사람들에게 그렇게 도움이 될 거라고는 생각지도 못했어요.
- 제가 예상했던 것하고 너무나 달랐어요. 여기 앉아서 여러분

의 말씀을 듣는 건 정말 특별한 경험이었어요. 생각할 거리를 많이 남겨 주신 것 같아요.

이상과 같이 외부증인의 다시 말하기는 상담자 역량으로 이루어 낸 치료 효과 이외에 외부인에 의한 공명 효과를 추가로 기대할 수 있는 강력한 영향력을 가지고 있다(White, 2012). 외부증인의 기여 는 상담자의 기여와 비교할 수 없을 정도로 큰 것으로서, 상담 시 간에 외부증인이나 청중이 참여할 때 일반적으로 나타나는 현상이 다. 하지만 이러한 성과도 상담자의 효과적 질문에 달려 있다는 점 에서 외부증인 대화를 이끌어 가는 상담자의 책임이 막중하다.

6. 치료적 문서

1) 치료적 문서 작업의 중요성

대화는 원래 증발하는 속성을 갖고 있다. 상담이 의미 있게 진 행되었을 때 내담자는 새롭고 기발한 아이디어와 함께 발걸음도 가볍게 상담실을 떠나지만, 그토록 강한 인상을 남겼던 단어들이 내담자가 상담실 문을 나서 채 몇 발짝 떼기도 전에 이미 기억에 서 사라져 버린다. 그러나 대화와 달리 문서는 그리 쉽사리 바래 거나 사라지지 않는다. 문서에 남긴 단어들은 시간과 공간을 견 디어 내고 치료적 작업의 목격자가 되어 그 작업을 불멸의 것으로 만든다(Epston, 1994).

2) 치료적 편지의 역사

상담자가 내담자에게 편지를 쓰기 시작한 것은 1960년대부터이며 그 목적은 다양했던 것으로 알려져 있다(예를 들어, Pearson, 1965). 치료 회기가 성공적으로 종결되지 못했을 때 후속 서비스차원에서 편지를 썼다는 사실이 언급된 바 있으며(Omer, 1991), 융 접근에서는 아동의 힐링을 촉진하기 위해 편지를 썼다는 기록도 발견된다(Allan & Bertoia, 1992).

내담자가 자신의 변화를 촉진하기 위해 편지를 쓰는 경우도 있다. 이슈를 외재화하고 발전적 행보를 지원하도록 하기 위해 자기 문제와 결별하는 편지(Tubman, Montgomery, & Wagner, 2001)를 쓰기도 하고, 미래의 자기 자신(Pennebaker & Evans, 2014)에게 연민, 감사, 용서 등을 주제로 편지를 쓰기도 한다. 혹은 상대에게 전달될 것을 전제하지 않은 상태에서 편지쓰기를 할 수도 있다(Pennebaler & Evans, 2014).

가족치료에서 상담자의 편지쓰기는 변화의 맥락을 만들어 내는 수단으로 사용되어 왔다. 밀란학파는 역설적 개입의 일부로 편지쓰기 방법을 활용하였다(Selvini Palazzoli, Boscolo, Cecchin, & Prata, 1978). 이야기치료에서는 초창기부터 편지나 그 밖의 다른 문서작성 방법을 사례를 기록하거나 출판을 목적으로 광범위하게 적용해 왔다(White & Epston, 1990). 해결중심단기치료는 한 회기를 치료적 메시지로 마무리하는 구조를 갖고 있는데, 이때 메시지는 해당 회기에 대한 상담자(팀)의 반영, 평가, 과제 등을 포함한다(Berg, 1994; Trepper et al., 2010).

가족 구성원으로 하여금 편지쓰기 작업을 수행하고 서로 편지를 주고받도록 하는 것 또한 가족의 체계적 변화를 촉진하는 데 도움이 된다. 외도상담에서 편지를 활용하는 경우, 상담자는 외도가 자신의 감정과 지각에 어떤 영향을 주었는지에 관해 상대에게 편지를 쓰고 서로 교환하게 하는 과정을 가이드할 수 있다(Gordon, Baucom, & Snyder, 2004). 또한 청소년이 비행문제로 가족과 분리되어 있는 경우 주요한 의사소통 방법으로서 편지를 활용할 수 있다. 편지쓰기는 청소년이 자신의 행동에 직면하는 기회를 제공하는 동시에 그에 대한 책임을 수용하고 변화 필요성을 포용하도록 하는 장을 만들어 줄 수 있다(Christenson & Runkel, 2017).

3) 치료적 문서의 기대 효과

이야기치료에서 치료적 문서를 활용함으로써 기대할 수 있는 효과는 매우 큰 것으로 알려져 있다. 이야기치료 창시자 White와 Epston은 자신들이 작성한 치료적 문서가 내담자들에게 어떤 영향을 주었는지 궁금증을 가지게 되었고 그들을 대상으로 다음과 같은 설문을 실시하였다.

첫째, "귀하가 상담자에게 받으신 편지 한 통이 상담 몇 회기에 해당하는 효과가 있다고 보십니까?" 내담자들의 응답을 집계한 결과, 1통의 편지가 평균 4.5회기의 영향력이 있는 것으로 나타났다(Freeman, Epston, & Lobovits, 1997, p. 113). 또 다른 조사에서는 1통의 편지가 갖는 효과에 대해 2.5회기에서 10회기에 이른다는 다양한 응답이 나왔는데 이는 평균 3.2회기에 해당하는 것이었다(Nylund & Thomas, 1994).

둘째, "귀하가 상담을 통해 어떠한 긍정적 성과를 얻었던 간에 그 성과를 100%라고 할 때, 그중 상담자의 편지가 차지하는 비중이 얼마나 된다고 보십니까?"라는 질문에 대해서는 전자 조사의 경우 40~90%라는 응답이 나왔고 후자 조사의 경우 52.8%라는 응답이 나와, 치료적 문서가 내담자에게 미치는 영향력의 크기를 짐작케 해 준다.

4) 치료적 문서의 유형과 목적

상담을 통해 도출된 텍스트는 문서나 목록의 형태에서 그림, 오브제, 영상, 상징물 등에 이르기까지 다양한 모양으로 존재할 수 있으며, 치료적 문서를 활용하는 대표적 목적은 다음과 같다. 여기서는 Fox(2003)의 아이디어에 기초하여 목적별로 치료적 문서의 작성 방법을 조금 더 구체적으로 살펴본다.

- 상담 회기에 초대하는 글
  상담에 대한 내담자의 호기심을 촉진하기 위해
- 상담 회기 중에 나눈 대화의 기록

새롭게 부상하는 것들을 포착하기 위해

- 내담자의 특정 지식에 관한 기록

위기 시에 내담자가 사용할 수 있도록 하기 위해

- 선호하는 정체성에 관한 소식을 널리 알리는 문서

내담자의 가족이나 공동체에게 배포하기 위해

- 전이의례를 지원하는 문서

상담종결 시 '문지방 넘기'를 통해 다음 단계로 이동하기 위해

(1) 상담 회기에 초대하는 글

잠재적 내담자가 상담에 보다 수월하게 참여할 수 있도록 상담자가 초대의 글을 보낼 수 있다. 법적 강제, 비자발성, 상담에 대

남수에게

안녕? 오늘 어머니와 통화했는데, 너에게 편지 써도 된다고 하셔서 이렇게 연락한다. 선생님은 학생들과 만나면 살면서 생기는 이런저런 이야기를 나누는데, 그러다 보면 재미있는 점을 발견하게 된단다. 어머니가 그러시는데, 남수가 최근 뭔가 새로운 일에 익숙해졌다면서? 어떤 일에 익숙해지려면 꽤 힘이 든다는 걸 남수도 조금은 알고 있겠지? 특별히 그것이 뭔가 정당치 않아 보이는 일인 경우에는 더 그렇고. 어머니 말씀이 남수가 컴퓨터 게임을 잘하고, 학교 도서관 일을 열심히 돕는다면서? 또 자연 사진을 수집한다면서? 남수가 혹시 수집한 사진을 갖고 온다면, 선생님은 너랑 함께 사진 이야기를 해 보고 싶구나. 만나게 되길 바라면서… .

○○○ 선생님이

[그림 6-3] 상담 초대편지

출처: Morgan & Mann (2014), p. 3.

해 부정적 선입견 등 잠재적 내담자가 상담에 대해 부담을 느낄 수 있는 상황에서, 이야기치료의 분위기를 사전에 경험하도록 하면 상담에 대한 호기심과 내담 동기를 자극하는 데 도움이 된다.

(2) 상담 회기 중에 나눈 대화의 기록

① 무엇을 기록할 것인가

• 회기 중에 구성된 대안적 이야기

상담이 진행됨에 따라 대안적 이야기가 떠오르게 되는데, 편지는 과거의 내력, 현재 전개되고 있는 것들, 그리고 미래 전망을 기록하는 역할을 한다. 치료적 편지의 차별성은 진단적이 아니라 문학적이라는 데 있다. 내담자 어려움에 대해 인과관계를 가정하거나 설명하지 않은 상태에서, 회기 중에 구성된, 문제 이야기와 결이 다른 이야기를 제시한다. 독자(내담자)가 편지를 읽었을 때 편

네가 거기(이전 학교) 다닐 때는 학교 가는 걸 늘 좋아했다고 들었어. 그러니까 그 말은 네가 아니라 학교가 문제라는 거지? 네가 아니라 학교가 문제라 생각하면 좋겠다는 의미인 거지?

너를 만나서 반가웠어. 그리고 네가 동생에게 친절하고 다정한 모습을 보니 좋았다. 넌 참 착하고 친절하고 재주 있는 아이란 생각이 드네.

네가 뭔가 잘못된 게 아니고 실은 괜찮은 아이란 걸 기억한다면, 네 인생이 지금과는 어떻게 다를지 궁금하구나. 네 생각은 어떠니?

[그림 6-4] 상담자의 편지

출처: Fox (2003).

지 속에 들어 있는 결론에 대해 대응 논리를 개발하도록 유도하기 보다는 다음에 벌어질 일을 궁금해 하고 생각하게 만드는 방식으로 작성되도록 한다(Freeman et al., 1997).

• 회기 중에 내담자가 정리한 자신의 입장

내담자가 자신의 문제를 외재화하는 과정에서 내담자가 그에 대해 어떤 입장인지를 기록할 때 유용하다. 또한 자기가 선호하는 이야기를 발달시키는 과정에서 내담자가 그 이야기에 대해 혹은 그 이야기에 담겨 있는 자기 모습에 대해 어떤 입장인지를 기록할 때 유용하다(Carey & Russell, 2002).

> 이런 일을 한 걸 보니 수진이가 학교에서 생긴 문제를 잘 정리하려는 마음이 큰가 봅니다. 어머니 생각은 어떠세요?
>
> 이런 변화가 한 달째 지속되고 있고 수진이가 더 이상 말썽을 부리지 않는데, 어머니 보시기에는 수진이가 훨씬 편안해졌을까요?

[그림 6-5] 상담자의 편지

출처: Fox (2003).

② 어떻게 기록할 것인가

치료적 편지를 작성할 때 다음과 같은 방법을 사용하면 보다 효과적인 편지를 쓰는 데 도움이 된다(Freeman, Epston, & Lobovits, 1997).

• 축어록

상담자와 내담자 사이에 오고 간 대화를 그대로 전사한 텍스트를 준비한 뒤 일부를 발췌하여 편지에 인용 또는 삽입한다.

• 의문문

평서문보다 의문문을 사용함으로써 막힌 느낌을 지양하고 가능성을 열어 준다.

• 반영질문

내담자가 자신에 대해 반영할 수 있는 기회를 준다. '너 요즘 차분해졌구나.'라고 말하는 대신 '그런 행동은 어쩌면 생활을 잘 관리하고 있다는 의미가 될까?'

• 동사형 표현

'○○하기' 또는 '○○하는 행동'과 같이 동사가 포함된 표현을 사용한다. 예를 들어, '맨 주먹으로 벽치는 행동을 할 때면 내가 어디가 잘못된 거 아닌가 하는 생각이 든다고 했지?' 등으로 한다.

• 가정법

어쩌면, 아마도, 혹시 등 가정이 들어가 표현을 사용한다. 예를 들어, 수진아, 네가 요즘 어른스런 방법들을 시도하고 있는데 이런 게 혹시 학교생활을 개선하는 데 도움이 될 거라고 보니?

• 유머

유머는 어려운 문제로 인한 부담감을 줄이고 해소나 완화에 대한 희망을 촉진할 수 있다. 예를 들어, 아동 내담자와 함께 말썽쟁이(외재화된 문제)를 골탕 먹일 작전을 꾸밀 수 있다.

(생략)…매일 웃는 일로 하루를 시작하여 매사에 웃는다는 너의 고백을 읽으면서 그런 매일매일이 모여 너를 이루었다는 걸 알게 되었다. 너의 3주 봉사는 네 바쁜 삶에서 잠깐 할애하는 희생의 시간이 아니라 너의 삶이자 네가 차곡차곡 쌓고 있는 커다란 프로젝트의 일부가 되어 버렸다는 사실을 깨닫게 되었어.

그런데 넌 어떻게 해서 웃음을 알게 되었니? 항상 우리 곁에 있는 것이라도 그 진가를 쉽게 알아보지 경우가 많은데 넌 어떻게 그 진가를 알게 되었니? 혹시 너에게 그것을 알게 해 준 누군가가 있었을까? 너의 삶에 그런 사람들이 존재했다면, 혹시 그들이 누구인지 생각해 낼 수 있겠니? 그들은 어떤 계기에서, 어떻게 너에게 웃음을 가르쳐 주었을까? 어떤 희망과 바람으로 그것을 네게 가르쳐 주었을까?

너를 ○○으로 보내면서, 너의 웃음이 크리스마스 마을의 아이들과 어르신들에게까지 닿고 퍼지기를 바란다. 이전에 네가 그랬듯이, 아이들이 이제 너를 통해 웃음을 배울 수 있기를 바랄게. 네가 그 아이들에게 웃음을 알려 줄 수 있는 사람이었으면 좋겠다. 네가 아이들에게 웃음을 알려 줄 때 아이들의 어떤 점이 널 미소 짓게 할지, 그들의 어떤 점이 너로 하여금 더 가르쳐 주고 싶게 만들지 궁금하구나. 네가 가장 추운 곳에서 어떻게 가장 따뜻한 겨울을 보내고 왔는지 들려다오. 겨울이 너무너무 지루해질 때쯤 그 이야기를 함께 나누면서 봄을 불러 보았으면 싶구나.

[그림 6-6] 격려편지

출처: 저자가 2011년에 오지 봉사를 떠난 내담자에게 보낸 편지의 일부를 발췌 수정.

③ 어떻게 사용할 것인가

• 사용방식에 대해 사전에 협상하기

앞의 과정을 거쳐 만들어진 치료적 편지는 사용 방식에 있어 각별한 주의가 필요하다. 상담자는 사전 협상(White, 1995c) 과정을 통해 다음 사안에 대해 내담자가 자기 입장을 적절히 정리할 수 있도록 지원한다.

- 편지를 어디에 보관할 것인지?
- 나만 읽을 것인지, 아니면 다른 사람도 읽을 것인지?
- 얼마나 자주 읽는 것이 좋을지?
- 누가 읽어야 할지?
- 기타('장롱 속 편지'를 쓴 뒤 타임캡슐처럼 보관할 수 있다.)

• 깜짝 편지를 쓰게 되는 경우

내담자의 대안적 이야기와 대안적 정체성이 확산되거나 지지받도록 하기 위해 누군가에게 깜짝 편지를 쓸 수 있다(Fox, 2003). 예를 들어, 다음과 같은 질문들을 편지에 포함시킬 수 있다. 이 편지를 읽은 것이 당신에게 어떤 영향을 주었나요? 그 영향이 긍정적인 영향인가요, 만일 그렇다면 그 편지를 다시 읽는 게 좋을까요, 그렇다면 몇 번이나 더?

(3) 내담자의 특정 지식과 기술에 관한 기록

상담 초기에는 문제가 내담자를 어떤 방식으로 지배하는지를 이야기하는 데 상당한 시간과 노력이 할애된다. 그러나 회기가 진행됨에 따라 대화는 문제에 전적으로 지배되지 않는 내담자의 노하우, 혹은 자기 삶에서 주도권을 행사하는 내담자의 노하우 등에 관한 이야기로 옮아 가게 된다. 이때 문제를 관리(통제)하는 내담자의 특별한 기술이나 선호하는 자기 정체성 등에 관해 문서 형태로 기록하여 그것들을 가시화하고 공고히 할 수 있다. 다음과 같은 경우에 특히 유용하다.

- 자신의 선호하는 정체성을 놓칠 위험이 있는 내담자의 경우
- 스트레스 상황에 처하면 막상 그런 때 가장 필요한 지식과 기술을 망각하는 내담자의 경우

'지피지기면 백전백승'이라 했다. 내담자가 문제와의 관계에서 혹은 선호하는 자기 정체성과의 관계에서 기억해야 할 것들을 잘 기억하고 있다면 자신의 상황을 견디어 내는 데 중요한 자원이 될 수 있다. 즉, 기억해야 할 것은 바로 상담 중에 도출된 내담자의 다양한 지식과 기술이다. 다음의 몇 가지 예시 문서를 통해 내담자의 지식과 기술을 어떤 식으로 문서화할지, 그리고 그러한 문서가 내용면에서 얼마나 다양할 수 있는지 살펴볼 수 있다.

나의 지혜로운 선택

이런 선택을 할 때는 말썽이 나오지 않는다.

1. 다른 사람을 친절히 대하기
2. 두 손을 항상 모으고 있기
3. 다른 사람에게 부드럽게 말하기
4. 집이나 학교에서 규칙에 따르기

[그림 6-7] 대안행동 목록

출처: 김실안 상담사가 2014년 실시한 아동상담 자료를 일부 수정.

가족평화선언

하나, 지금까지는 '말다툼' 때문에 가족의 대화에 녹이 다 슬었고, 말다툼 때문에 사랑과 존중심이 다 없어졌으며, 말다툼 때문에 씁쓸함만 가득했었습니다.

둘, 우리는 이제 우리 자신을 평화의 가족으로 선언했으며, '말다툼'이 고개를 들 때는 가차 없이 쳐 버리겠다는 우리 의지를 증명하기 위해 '말다툼 없는 식사시간'을 보냈습니다.

셋, 만일 '말다툼'이 어떤 형태로든 가족 대화에 함부로 끼어들 때는, 이를 경고하기 위해 가족 모두가 각자의 힘과 지식이 닿는 데까지 할 수 있는 모든 것을 다 하겠다고 맹세했습니다.

넷, 한 걸음 더 나아가 이 선언은 눈에 잘 띄며 자주 가는 장소, 예를 들어 냉장고, 거실, 화장실에 붙여야 할 것입니다.

다섯, 경고가 필요한 상황이 발생할 때는 가족 중 누구라도 선언문을 크게 읽자는 제안을 할 수 있습니다.

여섯, 선언문이 낭독될 때는 말다툼과 미움의 종말을 확인하고 가족에게 협조와 평화가 되돌아왔음을 알리는 의미에서, 우리 모두 선언문에 귀를 기울이기로 맹세하였음을 선포합니다.

날 짜 _____ 장 소 _____

가족서명 _____

[그림 6-8] 가족규칙

출처: Freedman(1997), p. 135 발췌 수정.

(4) 선호하는 정체성의 소식을 널리 알리는 문서

이야기치료의 궁극적 목적은 내담자가 선호하는 자기 정체성에 따라 자기 삶의 주체로서 살아가는 것이다. 이러한 목적을 달성하는 데 반드시 필요한 기제는 치료적 과정에서 구성된 선호하는 정체성이 내담자 삶의 맥락에 존재하는 사람들 사이에서 공유되고 회자되면서 내담자의 정체성이 재구성되는 것이다. 선호하는 이야기의 기록과 공유는 다음과 같이 진행할 수 있다.

- 내담자의 선호하는 정체성이 그 모습을 드러냈을 때 이를 문서로 기록한다. 문서는 새로운 정체성이 널리 알려져 내담자의 평판과 이미지가 재구성되고 그럼으로써 내담자와 그를 둘러싼 환경의 상호작용이 이전과 질적으로 달라지는 과정에 중요한 매개가 된다.
- 내담자 삶에 존재하는 열 명 내외 사람들의 목록을 작성하고, 이들에게 작성된 문서를 나누어 주기로 약속한다. 선호하는

이야기가 널리 공유되면, 내담자 주변에 내담자의 대안적 정체성을 알아주는 인정 공동체가 발달하게 된다. 문서는 의도와 가치를 중심으로 하여 이를 공유하는 사람들 사이를 연결해 준다.

(5) 전이의례를 지원하는 문서

마치 문지방을 넘어가듯 삶의 한 단계에서 다른 단계로 넘어가는 전이과정에서 문서를 활용하여 전이의례를 지원할 수 있다. 이때 사용할 수 있는 문서는 편지에 국한되지 않고 다음과 같은 다양한 방식을 통해 다양한 텍스트 형태로 공유할 수 있다.

자책에서의 탈출을 기념하는 증서

이 증서는 ○○○님이 자책을 상대로 승리한 점을 인정하기 위한 것입니다. 이제 귀하 인생의 우선순위는 자책 아니라 자기 자신이 되었으므로 귀하는 자책에 종속되지 않은 자유로운 존재입니다.

이 증서를 계기로 귀하 자신과 주위 사람들은 귀하가 타인 삶에 대한 과도한 책임을 사직했다는 점, 타인 삶으로의 초대에 넘어가지 않게 되었다는 점, 그리고 자기 삶을 제쳐두지 않게 되었다는 점을 기억해야 할 것입니다.

날 짜 _____

내담자 _____ (서명)

상담자 _____ (서명)

[그림 6-9] 상담수료 인정서

출처: White & Epston (1990) 발췌 수정.

생명나무 클럽 회원 인정서

아름다운 생명나무 ____________ 에게

자신의 삶을 훌륭히 살아가기 위한 기술과 능력이 있음을
아래의 특별한 꿈과 희망이 있음을
자기 스스로 그리고 참여한 친구들을 통해 인정받았기에
이 상장을 드립니다.

"나의 기술과 능력은 ____________________________ 입니다."
"나의 희망과 꿈은 ____________________________ 입니다."
"나의 생명나무에 대해 사람들이 한 이야기 중 마음에 드는 것은
__________________ 입니다."
"나에게 소중하고 감사한 사람들은 __________________ 입니다."

날짜 ____________

숲속 친구들(증인) ____________ ____________ ____________

[그림 6-10] 캠프수료 인정서

출처: 육미희 상담사가 2012년 경기도에서 진행한 다문화가족캠프에서 사용한 양식을 재구성.

• 기념행사 개최하고 친지나 지인들 초대하기

내담자가 자신에게 혹은 주변 사람들에게 주장하거나 선언하고 싶은 점들(claims & declarations)을 몇 가지 선택하여 청중 앞에서 낭독할 수 있다. 또한 내담자가 치료적 대화의 과정에서 성취한 것, 획득한 지식에 대해 축하하고, 증서를 발급하거나 상장을 수여하는 등 다양한 기념증서를 활용할 수 있다.

```
┌─────────────────────────────────────────────────────────┐
│                                                           │
│              괴물조련사 겸 공포퇴치자 자격증                   │
│                                                           │
│                                                           │
│              이  름 _____                         │
│                                                           │
│                                                           │
│            위 사람은 소정의 훈련과정을 거쳐                   │
│          이제는 유사한 공포에 시달리는 다른 어린이들에게         │
│                 도움을 줄 수 있게 되었기에                    │
│                  이 자격증을 수여합니다.                     │
│                                                           │
│                                                           │
│            날  짜 _____                          │
│                                                           │
│                                                           │
│            내담자 _____ (서명)                    │
│                                                           │
│                                                           │
│            상담자 _____ (서명)                    │
│                                                           │
└─────────────────────────────────────────────────────────┘
```

[그림 6-11] 상담수료 인정서

출처: White & Epston (1990) 발췌 수정.

• 내담자에게 자문을 구하기

　내담자의 일반적 역할은 상담자에게 자문을 구하는 것이다. 그러나 내담자가 상담자에게 자문을 해 주는 자문인 역할을 수행할 수도 있다. 내담자가 자기 자신, 다른 사람, 혹은 상담자에 자문을 해 주는 입장이 되면, 자기 삶에 대해 권위자임을 느끼는 색다른 경험하게 된다(Epston & White, 1992). 내담자가 작성하는 자문 기록에는 자신이 상담치료를 통해 얻은 지식과 기술을 비롯하여 대안적 정체성이 기록된다. 이 같은 문서는 새로운 지식을 목격할 '미래의 청중'을 모집하는 효과가 있다. 언젠가 이 문서를 읽고 그

158 ┃ 6장 이야기치료 기법

로 인해 자기 삶과 정체성에 파장을 경험하는 누군가가 생기게 될 것이기 때문이다. 그래서 Fox(2003)는 "치료의 선물이 자문의 선물로 인해 균형이 잡힌다(The gift of therapy is balanced by the gift of consultancy)."고 하였다.

7장
이야기치료 사례

1. 사례 **1** 바른생활 사나이의 친구 사귀기 프로젝트[1]

1) 의뢰 배경

준호는 2남 중 장남으로 다음 달에 중학교 진학을 앞둔 남학생이다. 어머니에 따르면 건강하게 출생하여 무난한 유아기를 보냈으며, 부모의 맞벌이로 3세부터 초등학교 입학 전까지 주중에는 외가에서 주말에는 부모와 함께 생활하였다. 초등학교 저학년 때는 학교 적응에 별 어려움은 없었으나 친구를 잘 사귀지 못했다. 3학년 때 같은 반 아동에게 괴롭힘을 당한 뒤로 간헐

---

1) 본 사례는 2017년 10월 16일 한국이야기치료학회 중앙대 반영팀에서 발표된 사례를 재구성한 것임(발표자 김사라, 새라심리상담연구소).

적인 틱증상이 나타났으며, 5학년 때 학교와 이웃에서 또래들에게 심한 따돌림(바지 벗기기, 겁주기, 감금하기 등)을 당하면서 그 증상이 심해졌다. 그 후 정신과를 찾게 되었고 자폐장애와 주의력결핍 및 과잉행동장애(ADHD)로 진단받았다. 불안 및 강박 증상, 주의력 저하와 사회성 및 인지능력 저하, 정서조절의 어려움과 대인불안으로 약물치료를 받으면서 지난 1년간 약을 10가지 이상 바꾸었고, 놀이치료와 사회성 집단치료를 병행하고 있다. 최근 틱증상이 점점 더 심해지고 치료에 진전이 없어 내소하게 되었다.

2) 제시된 문제: 지배적 이야기

준호의 지능은 경계선 수준이고 언어 발달에 두드러진 지연은 관찰되지 않으며 성적은 지난 1년간 계속 떨어지고 있다. 비사회적 대상에 관심이 많고 반복적, 규칙적인 것을 선호하여 일과가 정확하게 진행되지 않으면 불안해 한다. 또한 익숙하지 않은 상황에서 융통성 있는 행동을 못한다. 지하철 종류, 전동차, 역에 관한 정보 분석에 흥미가 고착되어 있고 싸이의 〈강남스타일〉 동영상을 하루에도 수십 번 보는 등 한 가지 활동에 집중한다. 한편, 준호는 애정 및 대인관계 욕구가 있으나 타인과 무관하게 자신의 관심사(예: 지하철)를 반복적으로 말하는 특성이 있어 또래와의 소통이 어렵다. 또한 과거 따돌림 피해 경험과 툭하면 때리는 아버지에 대한 분노가 크고 대인 불안이 높아, 사회관계에 대한 욕구는 있으나 실제 관계에 어려움이 있다. 대신 준호는 자기 몸에 있는

빨간 점과 긴 털 그리고 인형을 빨강이, 작은 방울이라 부르며 비현실적 대상에 투사하는 방식으로 애정 욕구를 충족하려 한다.

3) 사례개념화: 지배적 이야기의 해체

준호가 과거에 경험한 부당한 대우는 틱증상이 생기고 악화되는 결과를 가져왔고, 친구를 사귀고 싶어도 겁이 나서 다가가지 못하도록 만들었다. 친구를 사귀려면 무얼 어떻게 해야 하는지를 제대로 터득할 기회가 준호에게는 없었다. 준호의 관심사나 특성이 또래와 다른 점은 한국 사회에서 존중이나 호기심의 대상이 되기보다 비정상이나 문제로 인식되기 쉬워 학교생활에 불리한 상황이다. 준호는 애초에 집단 따돌림의 피해자였으나 시간이 지나 그 일이 점차 잊혀 가면서 불안과 강박이 심하고 사회적 상호작용이 안 되는 사람으로 각인되고 있다. 한편 준호는 자신의 관심사에 대해 집중력이 높고 그것을 다른 사람과 공유하기를 즐기며 일과나 시간 엄수를 중시하는 사람이다. 준호가 또 어떤 것을 알고 있고 하고 있는지, 누가 그런 점을 알고 있고 인정하고 있는지, 나아가 그런 면이 외부에 알려지면 주위의 시선이나 또래 관계에 어떤 변화가 가능할지 탐색할 수 있다.

4) 개입: 대안적 이야기의 구성 과정

상담자는 준호와 월평균 3회기의 상담을 1년간 지속하였다. 첫

6개월간은 준호가 지하철에 대해 얼마만큼의 흥미와 정보를 갖고 있는지를 매우 구체적으로 알게 되는 시간이었다. 이후에는 준호보다 두 살 많은 다른 내담자가 준호의 상담에 참여하게 되면서 상담 과정이 예기치 못한 흥미로운 국면으로 들어서게 되었다.

첫 회기에서 준호는 '친구가 없다.' '친구와 잘 사귀고 싶다.' '친구들이 나를 괴롭히지 않았으면 좋겠다.'고 말했다. 상담 초기에 준호는 상담이 제 시간에 끝나지 않을까 불안해서 상담 시간에 제대로 집중하지 못했다. 그래서 상담자는 준호와 함께 다음과 같은 약속을 정하고 목표를 세웠다.

〈약속〉
1. 시간은 정확하게 5시에 시작해서 5시 50분에 끝난다.
2. 상담실에는 시계를 두고 10분에 한 번씩 확인한다.
3. 20분은 내가 하고 싶은 것, 30분은 선생님과 함께 하고 싶은 것을 한다.

〈목표〉
틱이 없어지고 친구와 잘 사귀고 싶다.

준호는 소위 아스퍼거증후군으로 불리는 특성을 갖고 있는 청소년들이 그렇듯 자신에게 흥미로운 주제에만 집중했고 그래서 한동안 상담 시간 내내 자신이 좋아하는 지하철 이야기만 하다 집에 갔다. 이에 상담자는 준호와 함께 두 번째 약속을 정하고 목표를 좀 더 구체적으로 수정하였다.

〈두 번째 약속〉

1. 상담실에서 스마트폰을 두고 20분에 한 번씩 끝날 시간과 시간을 확인한다.

2. 15분은 내가 하고 싶은 말, 35분은 선생님과 함께 하고 싶은 말을 한다.

3. 상담이 끝난 후 그날 저녁에 선생님과 7~8분 전화통화를 한다. 전화통화는 선생님한테 하고 싶은 말, 선생님이 하고 싶은 말을 한다.

4. 분리수거, 청소기, 목욕(일주일에 3번), 마트(혼자 갔다 오기), 혼자서 전철, 버스 타기를 한다.

〈목표〉

친구를 1명 사귄다.

〈전략〉

1. 친구와 같이 점심을 먹는다.

2. 친구와 같이 게임을 한다.

3. 친구와 같이 얘기를 한다.

4. 교과 수업 때 친구랑 같이 다닌다.

준호는 이와 같은 약속과 목표를 상담실 벽에 붙여 놓고 매주 와서 읽고, 이와 관련하여 지난 회기 이후 어떤 일이 있었는지 상담자와 이야기를 나누었다. 상담자는 이야기가 생생하게 표현될 수 있도록 누가, 언제, 어디서, 무엇을, 어떻게 등의 질문을 던져 이야기 발달을 촉진하였다.

이러한 대화를 통해 두 사람은 준호가 몸이 튼튼한 사람이고, 다른 사람과 좋은 관계를 맺고 싶어 하는 마음을 갖고 있는 사람이라는 걸 알게 되었다. 또한 추론과 사고를 할 수 있는 능력이 있으며, 자신이 관심을 갖고 있는 일에 집중할 수 있는 능력이 있다는 것을 알게 되었다. 지하철을 혼자 타고 다닐 수 있으며 지하철 시간, 전동차 번호, 회사(서울메트로, 코레일 등), 역 등을 포함한 지하철에 대한 모든 정보를 꿰고 있는 사람이란 사실을 알게 되었다.

뿐만 아니라 분리수거, 청소기 돌리기 등의 일상생활을 어떻게 하는지 자세히 이야기하는 과정에서 준호가 거짓말을 하지 않고 규칙적인 생활을 좋아하며 한번 정해진 규칙은 그대로 따르기 때문에 '바른생활 사나이'로 통한다는 점도 알게 되었다. 또 남동생이 애교가 많지만 고집이 세다는 것, 그러나 남동생이 일곱 살이나 어리기 때문에 동생이 떼를 써도 준호가 많이 봐준다는 것 등도 구체적으로 알게 되었다.

그러던 어느 날 상담자가 만나고 있는 내담자 혜나가 상담실에 붙어 있는 준호의 〈약속〉과 〈목표〉를 보고는 자신이 친구 사귀는 법을 잘 알고 있다면서 준호에게 알려 주어도 되겠는지 상담자에게 물었다. 혜나도 대인관계 어려움 때문에 그간 상담을 받아 왔고 최근 들어 친구를 사귀기 시작한 상황이다. 이에 상담자가 어떤 방법으로 친구 사귀는 법을 알려 주면 좋겠는지 묻자, 자신이 편지를 쓸 테니 선생님이 그것을 준호에게 전해 달라고 했다.

상담자는 혜나의 편지를 준호에게 전달하면서 경위를 설명했다. 이 편지를 받은 준호는 자신이 난생 처음으로 받은 편지가 전혀 모르는 사람에게 온 것이고, 그 사람이 자신의 고민을 알아주고

친구를 사귀는법

안녕? 난 너한테 친구사귀는법을 알려줄려고 이렇게 편지쓰고 있어. 사라선생님한테 너에 대한 얘기를 들었어. 친구 사귀는데 어려움을 겪고 있다고. 내가 알려줄테니깐 그대로 실천해봐 알겠지? ^^
우선 이두가지가 가장 중요해. 자신감과 용기 이두가지만 충분히 갖고 있다면 어렵지 않아. 친구가 먼저 너한테 다가와주길 기다리지 말고 너가먼저 자연스럽게 말도걸고 다가가봐. 그러면 그 친구도 너의 진심을 알고 따뜻한 마음으로 받아줄거야. 친구의 말을들어주기 무조건 너의 의견만
두번째
안 말하지않고, 하고 싶은말이 있어도 좋은 친구의 의견이 마음에 안들어도 친구의 말을 끝까지 다 들어주고 너의 의견을 말해봐, 그러면 이제 너는 친구를 더 배려하고 친구를 더 이해할줄아는 친구가 되는거야.
그리고 세번째 친구한테 거짓말을 시키지말자 너가 그순간을 모면하기위해서 거짓말을 하면 그 순간은 넘길수 있지만, 나중에 거짓말이라는게 밝혀졌을때 너가 스스로 친구한테 신뢰성을 떨어뜨리는 행동을 하게되는거야. 그럼 이제 친구가 너가하는 말은 거짓말이라고 생각 하겠지? 자칫하면 이 거짓말때문에 친구랑 사이가 멀어 질수도 있어. 그만큼 거짓말은 하면 안되겠지? 네번째 친구한테 병맛장난 은 하지 말자 친구의 어깨를 한번 살짝 툭 다거리거나 이정도는 괜찮은데 친구세게때리기, 친구발걸기, 헤드락걸기 이건 등등... 위험한 장난은 안된다는 거지. 왜냐하면 둘다 장난을 하게 되면 서로 때리다가 감정이 격해져서 친구와의 싸움도 일으킬수 있고, 만약 도를넘어서 너무 심한 장난이면 친구가 너를 싫어하는수 없어. 그러니깐 장난은 적당히딱 자제행동을할아야돼. 알겠지? 나는 너가 친구를 잘 사귈거라고 믿어 !! 내가친구잘사귈수있도록응원해줄게ㅎㅎ 그럼 화이팅! !!

해결책을 제안해 주었다는 사실에 놀라워했다. 편지의 내용에 관심을 가질 뿐 아니라 한 번도 만난 적 없는 그 누나에 대해 궁금해하기 시작했다. 편지를 쓴 사람이 누구인지, 자신보다 나이가 많은지 적은지, 여자인지 남자인지 등에 대해 상담자에게 물었다. 이에 상담자는 누나라는 것 외에 다른 사항은 사적인 부분이라 당사자의 허락 없이 알려 주기 곤란하다고 대답했다. 그러자 준호는 그렇다면 자신도 답장을 써서 자신의 마음을 전하고 싶다고 하였다.

그 후 준호와 혜나는 서로 몇 번의 편지를 주고받았고, 서로를 파티에 초대하고 초대받는 방식으로 여러 차례 실제로 만나는 기회를 가졌다. 파티를 위한 만남의 장소는 상담실이었고 파티에서의 대화는 각자의 친구사귀기 프로젝트가 어떻게 진행되고 있는지에 관한 것이었다.

시간이 지나 혜나가 먼저 상담을 종결하게 되었다. 혜나는 상담자와 함께 졸업파티를 준비하고 준호를 초대하였다. 졸업파티는 평일 저녁 7~9시에 '준호와 혜나 누나가 함께하는 즐거운 파티'라는 제목으로 열렸다. 이 파티에는 준호와 상담자 이외 이들

누나에게

누나의 편지를 받고 가장 마음에 남는 말은 자신감과 용기였어.
그 말이 나에게 친구를 잘 사귈 수 있는 용기를 가져다주었어. 그래서 누나한테 참 고마웠어.
내가 생각하는 자신감과 용기는 예전에는 할 수 없었던 수학여행도 가게 되고, 현장학습도 가게 되고, 놀이공원도 가게 되고, 나 혼자서 가고 싶은 장소를 갔다 올 수 있게 된 거야.
나는 요즘 수학여행 가고, 현장학습, 놀이공원을 다닐 수 있게 되면서 친구들이 생겼어. 그래서 이제는 불안한 마음이 조금 줄었어.
누나가 쓴 편지를 보면서 내가 이미 자신감과 용기가 있고 친구들을 사귀는 과정에 왔다는 걸 알게 됐어. 누나의 편지를 보니까 친구의 이미지가 떠올랐어. 누나한테 궁금한 게 있는데 누나가 사는 곳, 누나 이름을 알려 줬으면 좋겠어. 그걸 알려 주면 우리는 친구가 되는 거야.

내 이름은 장준호야

을 아는 다른 상담자 2명이 초대되었다. 프로그램은 '즐겁게 노는 파티'였고 참석자들의 준비물은 '먹을 거'와 '개인기'였다. 여기서 준호는 자신이 친구를 사귈 수 있도록 도와준 혜나에 대한 고마운 마음을 편지에 담아 혜나에게 전달하였다.

누나에게

누나 안녕? 나 준호야.
누나가 이제 떠난다고 생각하니 아쉬운 마음이 들어. 누나가 나한테 친구 사귀는 법을 알려 주면서 편지를 통해 우리는 친해졌어.
누나랑 친해지면서 파티한 날이 가장 기억에 남았어.
파티를 통해 우리가 함께 노래 부르고 맛있는 것도 먹었지.
그 파티 이후에 나는 진짜 친구를 집에 초대할 수 있게 되었지.
지금은 초대했던 친구 집에 놀러 가기도 했어.
내가 친구를 사귀고 친구들을 초대하고 초대받는 거에 누나의 도움이 컸어. 누나가 친구 사귀는 법을 알려줘서 고마워. 앞으로도 누나랑 계속 친하게 지냈으면 좋겠어.

20○○년 2월 17일
준호 올림

---

2. 사례 **2** 악마에서 벗어나 날개를 펴기[2)]

1) 의뢰 배경

내담자(55세)는 결혼 23년 차의 여성으로, 남편의 경제적 무능력과 폭력 때문에 최근 협의 이혼하였다. 결혼생활 동안 남편은 이직이 잦았으며 인간관계에 어려움이 있을 때 술을 마시고 내담자를 폭행했다. 결혼 13년 차에 이르러 음주와 우울증상이 심해지고 언행이 난폭해지자 주위의 권유로 정신과 치료를 5년 정도 받았다. 그러면서 폭력 횟수가 감소하고 구직활동을 했으며 부부관계가 호전되었다. 그러나 약물 복용을 중단하면서 우울과 불안 증상이 더 심해져 가족들을 괴롭히고 칼로 내담자를 위협하는 등의 행동을 서슴지 않았다.

남편의 폭력 수위가 높아지자 내담자는 경찰에 신고하고 쉼터로 피신했다. 당시 내담자는 자녀들의 어려움을 알았지만 경제적 형편 때문에 함께 살 수 없었다. 자녀들(2남 1녀)은 아버지가 어머니의 거처를 계속 추궁했기에 불안과 공포에 떨며 지냈다. 내담자는 쉼터에서 지내는 동안 우울증상이 심해져 현재까지 약물을 복용하고 있다.

그 후 내담자는 주위의 도움을 받아 협의 이혼을 하였고, 남편

---

2) 이 사례는 저자가 공개슈퍼비전을 실시한 사례로 한국가족치료학회 편(2016) pp. 373-401의 내용을 발췌 수정한 것임. 사례 총평은 앞의 출처를 참고할 것.

을 설득하여 세 자녀를 모두 데려올 수 있었다. 얼마 뒤 남편은 만취상태에서 홧김에 집에 불을 지르고 자신도 3도 화상으로 입원하였다. 몸이 조금 회복되자 내담자에게 면접교섭권을 신청하였고 딸의 양육권을 주장하고 있다. 내담자는 최근 자녀들과 함께 새로운 생활을 시작하면서 안정을 찾아가는 중이었으나, 남편의 계속되는 요구로 우울증이 재발하여 상담을 요청하게 되었다.

2) 호소문제: 지배적 이야기

내담자는 이혼 조건을 이행하기 위해 월 1회 전 남편을 만나는데 남편과의 만남은 온 가족을 우울감, 공포감, 무력감에 빠뜨리는 일이다. 전 남편을 만나고 오면 다시 공포가 밀려와 아무것도 하기 싫고 숨고 싶은 생각밖에 없다. 전 남편이 공포스럽고 아이들에게 해코지할까 봐 불안하다, 전 남편에 대한 공포와 불안감이 더욱 심해져 우울하고 무기력하다, 나이는 점점 들어가는데 자녀들을 책임지고 생활해 나갈 자신이 없다. 자신이 없어 머릿속에 죽고 싶은 생각이 가득하다.

3) 사례개념화: 지배적 이야기의 해체

내담자는 가정을 지키겠다는 믿음 때문에 남편과의 부당한 관계를 참고 견디다가 생명에 위협을 느껴 쉼터로 들어갔다. 이 같은 선택은 내담자 혼자 수입으로 자녀들과 생계를 유지할 수 없었기 때문이었으나, 결과적으로 자녀들에 대한 미안함과 죄책감에 시달리는 결과를 가져왔다. 내담자는 오랫동안 존중받지 못한 채 살아왔고 지금도 계속 전 남편을 만날 수밖에 없는 구조로, 우울과 무기력에 빠져 있다. 내담자는 '자녀들과 함께 재미있게 살고 싶다.'는 강한 바람과 책임감을 갖고 있으나, 우울과 무기력이 삶 전체를 지배하면서 취업교육이나 구직활동에 대한 내담자 의지와 자신감을 크게 저하시키고 있다. 그간 남편과의 부당한 관계를 어떤 생각으로, 어떤 방법을 통해 견디어 왔으며, 자녀들과 새로운 삶을 만들고 싶다는 바람을 계속 붙들고 있을 수 있는 힘은 어디서 오는 것인지 등 내담자의 살아온 내력에 대한 조명은 내담자가 우울이나 무기력의 영향력을 축소시키고 새로운 삶과 관련된 행보를 해나가는 데 필요한 수순일 것이다.

4) 개입: 대안적 이야기의 구성

(1) 1회기(내담자)

내담자는 어린 시절부터 자신을 따라다닌 우울이라는 감정이 결혼하면서 더 심해졌고 그것이 죽음을 생각하게 하고 자신을 한없이 나락으로 떨어뜨리며 아무것도 할 수 없게 만든다고 했다. 모든 상황이 해결되지 않을 것 같고 미래에 대한 불안감이 밀려오면서 걷잡을 수 없는 감정의 소용돌이에 휘말리게 된다고 했다. 그러면서 자신을 힘들게 하는 우울한 감정을 '악마'라고 불렀다.

내담자: …아이들에게 미안했던 마음이 조금 보상되는 듯도 하더니… 그
　　　　것도 잠시더라고요 긴장이 풀려서인지 며칠 전부터 힘들어요.

상담자: 어머니 마음을 힘들게 하는 그게 뭐지요, 어떤 건가요?

내담자: 우울한 마음이요.

상담자: 우울한 마음이 언제 찾아오나요?

내담자: 뭐 그냥 움직이다가도, 그냥 가만히 있다가도, 어떤 원인으로
　　　　인한 게 아니고 그냥 그런 마음이 훅 들어올 때가 있어요.

상담자: 우울한 마음이 훅 들어오면 어떠세요?

내담자: 그런 감정에 빠질 때는 뭔가 몰아치는 듯한 느낌? 쫓기는 듯한
　　　　기분이고요. 순간순간 죽고 싶을 때가 많아요. (울음) 애들한테
　　　　도 소리 지르고, 내가 힘이 드니까 참으려고 하는데, 힘들어요.

상담자: 그러니까 이 우울한 마음이 어머니를 괴롭히고 아이들과의 사
　　　　이도 나쁘게 만드는 거네요.

내담자: 그렇죠. 아주 나쁜 '악마' 같은 거예요.

(2) 2회기(내담자)

내담자를 힘들게 하는 '악마'가 내담자에게 어떤 영향을 미치고
내담자 삶에 어떤 결과를 가져왔는지, '악마'로 인해 초래된 결과
에 대해 내담자는 어떤 입장인지, 왜 그런 입장인지를 탐색하는
외재화 대화를 나누었다.

상담자: 어머니에게 '악마'가 자주 찾아온다고 했는데, 그러면 이 '악마'
　　　　가 어머니의 생각이나 일상생활에 어떻게 영향을 미치나요?

내담자: 내가 작아지고 오그라드는 듯한 그런 감정에 빠지게 만들어요.
　　　　이게 지속적인 게 아니라 좀 잊어버리고 그러고 다른 일을 하다
　　　　가 또 어느 순간 묘하게 오더라고요. 그럴 때는 막 불안하고 내

자신이 꺼져 가는 듯이 작아지고 정말로 불안해서 뭘 할 수 없는, 손이 막 내 마음대로 안 되고 그런 느낌이 와요. 제가 그러면 아이들도 불안해 하고 힘들어하는데 그걸 알면서도 '악마'한테서 헤어 나오지를 못해요.

상담자: 어머니 생각에는 '악마'가 어머니 삶에 미치는 영향력이 얼마나 될까요? 0부터 100까지의 숫자로 점수를 매겨 본다고 할 때?

내담자: 어릴 때가 30%라면 지금은 거의 80~90%?

(중략)

내담자: … 어릴 적 '악마'는 이렇게 큰 게 아니어서 생활에 불편함이 없었는데, '지금의 악마'는 굉장히 커요. 제 생활에 거의 매일… 헤어 나오지를 못하고.

상담자: 헤어 나오지를 못하고요. … 만일 헤어 나와야 할 이유가 있다면 그게 무엇일까요?

내담자: 영향이 있으니까… 평소에는 그래도 아이들과 잘 살아 보고 싶은 의지도 있고 의욕도 있고 굉장히 얼마든지 할 수 있다는 생각을 하는데, '악마'가 오면 집안 분위기가 가라앉고, 애들이 너무 안됐고, 모든 생활이 무너져 버리니까. 늘어지고 귀찮고, 생각도 못하고 뭔가 가려진 듯한… 계속 슬프고 울고 싶고 죽고 싶고. 그래서 벗어나고 싶어요. 나와 아이들을 못살게 구니까 너무 신경을 많이 써서 이도 다 빠지고….

상담자: 그럼 '악마'는 어머니 몸과 마음을 망가뜨리고, 생활을 엉망으로 만들고, 아이들과의 관계를 해치는 나쁜 거네요.

내담자: 네. 창업패키지도 과정이 많이 힘들더라고요. 그래서 잘하고 싶은 마음이 있었는데 지금 이런 상태로는 도저히 감당할 수 없을 것 같아서 조금 미뤄 놓은 상태예요. 아침에 일어나기도 싫고 마냥 늘어지기만 해서… '악마'가 지긋지긋해요.

상담자: 지긋지긋하다….

내담자: '악마'가 오지 않으면 악마하고 다른 '무기력'이 오기도 하는데,

그것도 저를 옴짝달싹을 못하게 해요. 몸을 일으킬 수도 없고 생각하기도 싫으니까요.

상담자: 얼핏 듣기에는 '무기력'과 '악마'가 서로 비슷한 것 같은데 혹시 다른 점이 있나요?

내담자: 음… ('악마'처럼) 나쁘기만 한 건 아니고, 때로는 저를 잠시 쉬게도 만드는 거 같아요. 거기에 빠지면 안 되겠지만… 너무 바쁘게 달려오기만 한 나를 쉬게 해 주는 장점도 있는 것 같아요.

(3) 3회기(내담자)

'악마'와 '무기력'에 관한 지배적 이야기를 나누는 가운데 '무기력'의 다른 의미에 대해 생각하게 되었고, 거기서부터 내담자가 '악마'에 전적으로 지배받지 않는 상황들을 중심으로 독특한 결과에 대한 이야기를 풀어 나갔다.

상담자: 그럼 그 '무기력'은 어머니 말씀처럼 장점도 있고 어머니에게 필요한 것일 수도 있겠네요?

내담자: 네. 지금은 많이 지쳐 있는 상태라 조금 쉬는 것도 나쁘지 않다는 생각이 들었어요. 쉬고 있다고 생각하니까 조금 위안도 되는 것 같고요.

상담자: 어머니를 잠시 쉬어 가게 해 주는 걸 그대로 '무기력'이라고 부를까요, 아니면 달리 어떻게 부르고 싶으세요?

내담자: 음… '멈춤'이라고 하고 싶어요. 평소에 계획을 잡고 그것에 따라 행동을 하는 내 장점이 '멈춤'을 통해 다시 나타날 수 있다는 생각이 들어요.

상담자: '멈춤'이라는 것이 어머니의 생활에 큰 도움을 주는 것이기도 하네요.

내담자: 네. 날개를 펴기 위한 시발점이라고 생각해요.

상담자: 표현이 멋져요.

내담자: 선생님과 이야기를 나누면서 저도 깨닫게 되었네요. (웃음)

상담자: 그럼 나를 표현하는 말, 나의 장점, 내가 가지고 있는 것에는 또 어떤 것들이 있을까요? 우리 한번 적어 볼까요?

내담자: (목록을 작성한다.)

상담자: 이렇게 보니 적을 것이 참 많은 분이시네요.

내담자: 네, 쓰다 보니까 그렇더라고요.

상담자: 이 부분에 어떤 것이든 '심사숙고'한다고 쓰셨는데 조금 더 자세히 이야기해 주시겠어요?

내담자: 네, 저는 그때그때 문제에 대해 생각을 많이 하고 답을 찾아요. 몇 가지로 고민해서 대안이 생기면 그대로 하는 편이거든요. 심적으로 마음이 힘들고 그렇지만 제가 여태껏 살면서 뭐 '악마'가 왔니 어쩌니 해도, 그래도 내가 이렇게 박차고 일어났거든요. 훌훌 털어 버리고. 뒹굴다가 막 고민하다가 이럼 안 된다고 일어나고 그랬는데… 지금 보니까 그랬어요.

상담자: 그럼 그 '심사숙고'가 가장 힘을 크게 발휘한 게 언제였는지 그 이야기를 해 주시겠어요?

내담자: 큰아들이 영재원에 합격했을 때요. 아이들이 어릴 때, 교육은 시켜야겠고 형편이 넉넉지는 않으니까 제가 도서관에 가서 미리 책을 읽고 빌려다가 아이들한테 읽어 주기도 하고 제가 공부해서 아이들을 가르치기도 하고. 그때는 아이들이 따라와 주기도 했고 정말 행복했어요.

상담자: 아, 그러셨군요. 그 '심사숙고'가 힘을 발휘했던 때가 또 언제였을까요?

내담자: '악마'가 오려고 할 때 알아차리고 '악마'에 빠지지 않으려고 대항하려고 노래를 부르거나 일부러 흥얼거리고 다른 생각을 하려고 애를 썼어요. 변화를 가져 보려고요.

상담자: 그럼 '심사숙고'는 어머니가 생각을 많이 하고 선택하게 하고 그대로 행동하게 하는 힘을 갖고 있는 셈이네요. 그런데 '심사숙고' 뒤에 어떤 마음이 있어서 그런 힘이 발휘가 되는지요?

내담자: '긍정의 힘'이죠. '희망'이요.

상담자: '긍정의 힘' '희망'이 있다는 건 구체적으로 어떤 거죠?

내담자: 어떤 일을 할 때 제가 좀 순발력도 있고 해서 남들이 힘들게 하는 일을 저는 힘 안 들이고 쉽게 하는 것 같아요, 순간순간 빨리. 어릴 때도, 우리가 8남매인데… 큰오빠가 무슨 얘기를 했는데 제가 반대의견을 냈던 것 같아요. 제 생각을… 이렇게 해야 한다고… 그래서 칭찬을 받았던 기억이 나요.

◉ 나를 표현하는 말

착하다. 온순하다. 바보 같다. 늘 손해 본다. 우울한 사람. 때로는 내 몫을 챙긴다. 내 목소리를 내기도 한다. 너무 많이 참는다. 내 몸보다는 아이들이 우선이다. 헌신적이다. 참을성이 많다. 자식교육에 관심이 높고 열의가 있다. 묵묵히 일하기를 좋아한다.

◉ 나의 장점

- 어떤 것이든 주어진 일이면 심사숙고 하고 선택한 일은 최선을 다해 노력한다.
- 요리하는 걸 좋아한다.
- 된장, 고추장, 장아찌류를 잘 만든다.
- 문제해결력이 조금 있다.
- 말이 없다. 말은 하기 시작하면 말하기 좋아한다.
- 남 얘기 하는 것을 싫어한다.
- 의미 없는 곳에서 의미 없는 시간 보내는 것이 싫다.
- 어떤 일에 몰두하면 빠지게 된다.
- 아이들 교육에 열과 성의가 있고 여건이 되면 정말 잘 할 것 같다.

◉ 내가 가지고 있는 것

- 내 마음속에 하느님이 계시다.
- 아이들 셋, 건강, 건강한 손이 있고 순발력도 가끔 있다. 조금이나마 삶의 의지가 있다. 도전정신이 있다.
- 내 몸에 날개를 달고 내일을 향해 달리고 싶은데 날개도 없고 날을 힘도 없다. 현실이 이런 만큼 열심히 앞만 보고 달려야 하는데 왜 자꾸 움츠러드는지 모르겠다.

(4) 4회기(내담자)

내담자에게 있어 '긍정의 힘' '희망'이 어떤 것이고 어디서 왔으며 내담자의 삶을 어떻게 움직이고 있는지, 그것을 되찾기 위해 무엇을 어떻게 할 수 있을지에 대해 대화를 진행하였다. 그 과정에서 내담자가 중시하는 가치나 소신 그리고 스트레스를 감소시키는 나름의 노하우가 도출되었다.

상담자: 지난번에 '긍정의 힘'에 대해서 말씀하셨는데, 그게 어떤 건지 조금 더 구체적으로 이야기해 주세요.

내담자: 새로운 거에 도전하는 것을 좋아해요.

상담자: 예를 들어 어떤 거지요?

내담자: (이런저런 것들을 나열한다.) 머리로는 알고 지금 도전해야겠다는 생각도 있는데… 아직 안 되네요.

상담자: 무엇이 그 생각을 가로막고 있어 그게 안 되는 걸까요? 어떤 걸림돌이 있는 건가요?

내담자: 뭔가 눌려 있는 느낌? 뭔지는 모르겠는데 어디서 해답을 찾아야 할지… 세상에 대한 두려움이 있지 않을까 싶어요.

상담자: 그 두려움이 어떤 건지 조금 더 말씀해 주세요.

내담자: 모든 생활환경에서 오는 중압감… 작은 것에서부터 일어서야 되지 않을까 하는 생각이 드는데, 잡고 일어서야 할 그게 없는 거예요. … 다 잃었다는 생각이 아직도 있어요. 주변을 둘러보아도 내 몫은 없는 거예요. 내가 다 일궈야 되고 헤쳐 나가야 되고 이런 부분이 나는 이제 나이를 먹고 해야 할 일은 너무 많고… 주변에 나를 지지할 만한 사람한테서, 가깝게 생각되었던 사람들이 나한테 상처를 줘서 그게 더 크지 않았나….

상담자: 어떤 일이 있었는지 이야기해 주실 수 있을까요?

내담자: 언니가 다단계 이야기를 자꾸 해서 어제 제가 많이 화를 냈거든요. 나는 내 두 팔 두 손으로 움직여서 버는 게 내 돈이라고 생각한다고, 애한테는 그러지 마라, 언니 애들한테 하라고 못할 거 같으면 우리 애한테도 얘기 하지 마라, 어린 거한테 무슨 다단계… 말도 안 되는 소리 말라고 언성을 높였어요. 저는 그런 쪽에는 관심이 없거든요. 언니가 섭섭하겠지만 가까운 데 사는 언닌데 가끔 그런 일로 나를 힘들게 해요.

상담자: '내가 움직여 버는 게 돈이다.'…라고 하신 말이 인상적이에요.

내담자: 네, 지금 상황에서 저는 하루 일해서 그게 어떻게든 돈이 돼서 애들 당장 입히고 먹이고 해야 되는데 정직하지 못하게 돈을 벌라고 하는 거잖아요. 또 돈을 벌지도 못할 게 뻔한데. 지금은 제가 외로움이 많고 버팀목을 찾지 못하고 있지 않나 하는 생각이 들기도 해요. 여기서 제가 다시 일어서면은, 제가 강하게 좀 더 강하게 이전보다 더 강하게 살아갈 수 있을 텐데. 지금은 아이들도 해야 할 의무이고 살아야 할 의무이지 에너지를 발산할 수 있는 그런 건 아닌 것 같아요. … (생략)

상담자: 말씀 듣고 보니 '강하게 살아간다.'는 것이 어머니에게 참 중요한 것 같아요. 이전에 남편 분이 아프실 때나 경제적으로 어려웠을 때, 그 시간을 어떻게 견디셨을까요?

내담자: 네, 저는 생각을 많이 하고 몇 가지 방안을 마련해서 그대로 움직이기 때문에 ('심사숙고') 봉제공장도 운영해 보기도 하고 분식점도 해 보기도 했어요. 그리 크게 잘되지는 않았지만 그래도 그냥 유지하면서 남편 병원비랑 아이들 키우면서 살 수 있었던 것 같아요.

상담자: 그게 모두 '긍정의 힘'과 '희망'이 조금 더 생기고 '심사숙고'를 잘 할 수 있었던 덕분인가요? 그때는 어떻게 그럴 수 있었나요?

내담자: 저도 오늘 그걸 어디서 어떻게 찾아야 하나 생각을 하면서, 바람을 쐬러 가야 되나 생각도 좀 했어요. 이전의 나를 찾는다고

어디 좀 가자는 생각을 했거든요.

상담자: 어디를 가고 싶으세요?

내담자: 강촌인데요, 한쪽은 인도고 안쪽은 자전거 도로, 가운데는 강이
에요. 위쪽이 고속도로인데 거기서 어떤 소리를 질러도 아무도
듣는 사람도 없고 굉장히 좋아요. 에너지도 받고 그래서 아이들
이 어릴 땐 가끔 갔거든요.

상담자: '바람 쐬러 가는 것'… 전에도 그렇게 하셨어요? 그것이 어떻게
도움이 되나요?

내담자: 여태 생각을 못 했어요. 좀 전에 이야기하다 보니 생각이 나네
요. 예전에는 애들 아빠하고 부딪히고 생활고에 힘들 때 한 번
씩 가서 쌓인 거 풀고 또 쌓이면 가고 그렇게 많이 했어요.

상담자: 이야기하면서 방법을 기억해 내셨네요. 다녀오시면 어떨 것 같
으세요?

내담자: 네, 시간을 내서 한번 다녀와야겠어요. 다시 힘을 얻을 수도 있
을 것 같아요. 그럼 다시 생각하는 힘이 생기고 그럼 지금 이 상
황에서 어떤 방법이 생각나겠죠. (웃음)

(5) 5~7회기(큰아들, 작은아들, 딸)

상담자는 3명의 자녀들에게 개별면담을 제안하였고 자녀들이
차례로 내소하였다. 큰아들(23세)은 엄마가 자기 혼자만 살겠다고
나가서 연락도 하지 않고 자식들만 괴롭힘을 당하는 것 같아 아버
지를 원망했었다. 아버지의 다그침이 심해져 군에 입대하였고 군
복무 중 엄마와 다시 연락이 되었다. 그래서 엄마가 집 나온 것이
궁극적으로는 아버지로부터 자신과 동생들을 분리하기 위한 선택
이었음을 알게 되었다. 최근 엄마가 예전보다 일상생활을 더 힘들

어하며 짜증을 많이 부리는 것이 잘 이해가 되지 않았으나, 그것이 '악마' 때문이었다는 것을 알게 되었다.

작은아들(20세)은 아버지가 화상병원에서 퇴원하자 친구 집을 전전하다가 내담자와 연락이 되어 함께 살게 되었고, 혹시라도 아버지에게 연락이 올까 봐 핸드폰을 없애 버린 상태이다. 길거리에 다닐 때 아버지를 만나게 될까 봐 땅만 쳐다보고 구석으로 다니며 비슷한 사람을 만나면 심장이 멎어 버리는 것 같다고 했다. 불안감과 공포감 때문에 수면제를 먹어야 잠이 오고, 집 밖을 나서는 것이 힘들어 방 안에만 있는 날이 많기 때문에 어머니에게 전혀 신경을 쓰지 못했다고 했다.

상담자: 매일 밤 길동 씨를 잠 못 자게 하고 무서움에 떨게 만드는 게 뭘까요?

내담자: 뭔지는 잘 모르겠지만 바다 한가운데 떠 있는 것 같은, 높은 파도가 휘몰아쳐서 나를 덮치는 듯한 느낌이에요.

상담자: 그 '파도'가 와서 덮치면 길동 씨한테 어떤 일이 생기나요?

내담자: '파도'가 몰아치면 무서워서 일어나기도 싫고 숨 쉬기조차 힘든 것 같아요.

상담자: 그 '파도'는 어머니가 말씀하시는 '악마'와 비교하면 어떤 건가요?

내담자: 잘 모르겠지만 조금 다를 것 같아요. 파도는 무섭고 나를 힘들게 해요. 엄마는 잘 모르겠지만 '악마'가 와도 우리들을 아주 안 챙기지는 않는 것 같은데, 저는 '파도'가 몰아치면 아무것도 못 해요. … (중략) …

상담자: 그 말은 '파도'가 몰아치지 않을 때도 있다는 건가요? 그런 때는 어떤 때인지 이야기해 주시겠어요?

딸(12세)은 초등학교 6학년으로 내담자와 함께 살게 되면서 다른 학교로 전학하여 처음에는 친구들에게 따돌림을 당하기도 하고 사소한 일에 신경전을 벌이기도 했다. 그러나 공부를 잘하는 것이 알려지면서 친구들이 자신을 무시하지 않게 되었다고 하였다. 아빠가 자신에게는 잘해 주고 저녁에 일마치고 돌아올 때는 자신이 좋아하는 빵과 만두를 사 가지고 오는 등 자상한 아빠였다고 회상했다. 그러나 아빠가 매일 술을 먹고 오빠들을 괴롭히고 힘들게 해서 자신도 힘들었다고 했다. 엄마가 집 나간 뒤 고민을 말할 사람이 없었던 것이 많이 힘들었다고 하였다. 엄마가 집 나가기 전보다 화를 잘 내고 자리에 누워 있는 시간이 많아 예전의 엄마가 아닌 것 같았는데, 요즘 조금 달라지고 있는 것 같다고도 하였다. 가끔씩 아빠가 보고 싶을 때도 있지만, 지금은 엄마와 함께 살고 있는 곳을 들키지 않아야 하고 가족들이 아빠 때문에 힘들기 때문에 당분간은 만나고 싶지 않다고 하였다. 그러면서 엄마가 예전처럼 맛있는 음식도 많이 해 주고 공부도 같이 했으면 좋겠다고 하였다. 상담자는 예전의 엄마가 어땠는지 여러 가지 질문을 던졌다.

(6) 8회기(내담자)

내담자가 오랜 기간 역경을 거치는 과정에서 내담자의 삶에 많은 영향을 준 이들, 힘을 주고 지지해 준 이들에 대한 회원재구성 대화를 나누었다. 그중 내담자가 가장 존경하고 사랑하는 사람은 친정어머니로, 어려운 환경에서 8남매를 키우며 강인하게 사는 모습을 보여 주었고 끝까지 가정을 지켜내며 내담자에게 정신적인 지주가 되어 주었다고 했다. 어머니의 그러한 모습이 내담자로 하여금 새로운 선택에 대한 강한 의지를 갖게 해 주었다고 말했다.

내담자: 어머니는 강한 분이셨어요. 아버지와 할아버지 사이에서 저희 8남매를 다 키우시고, 저에게도 많은 힘을 주셨어요.

상담자: 어머니가 강한 분이라 하셨는데, 어떤 점에서 그런지 이야기해 주시겠어요?

내담자: (어머니의 강한 면모를 보여 주는 일화를 한 가지 이야기한다.)

상담자: 친정어머니의 그런 모습이 어머니에게 어떻게 힘이 되었을까요?

내담자: 열심히 사는 모습을 보여 주신 거지요. 항상 식구들을 위해 최선을 다하는 거요. 어머니가 물질적인 도움을 주지는 못하셨지만 항상 제 등을 토닥여 주시고 제 편을 들어 주셨어요. '잘했다' '장하다'고 말씀해 주셨죠.

상담자: 친정어머님이 살아 계셔서 지금 이 모습을 보신다면 뭐라고 하실까요?

내담자: 잘하고 있다고, 힘을 내라고, 넌 할 수 있다고 말씀하실 것 같아요. (눈물을 글썽임.)

상담자: 어머니의 요즘 생활에서, 특히 어떤 점에 대해 잘하고 있다고 하실 것 같아요?

내담자: ('악마'와 거리를 두려고 어떤 일들을 하는가, '심사숙고'를 통해 어떻게 문제를 해결해 나가는가 등을 짚어서 이야기한다.)

상담자: 친정어머니가 보시면 그런 점을 잘한다고 인정하실 것 같다는 거죠? 어려서도 친정어머님이 그렇게 인정해 주시곤 했나요?

내담자: 어린 시절, 우울함이 마음속에 있었을 때도 엄마가 절 믿어 주신다는 걸 알게 되었어요.

상담자: 어떻게 그걸 알게 되셨어요? 엄마가 날 믿어 주신다는 걸 확신하게 된 어떤 계기가 있을까요? 친정어머니가 딸의 어떤 모습을 보고 딸을 믿어 주셨을까요?

내담자: (집 나간 아버지를 찾기 위해 어머니가 동생들을 자신에게 당부하고 먼 길 다녀온 일화를 말한다.)

상담자: 아, 그래서 '엄마가 날 믿어 주는구나.' 그런 확신을 하게 된 거네요. 어린 딸이 자기 나름의 생각이 있고, 인내할 줄 알고, 어떻게든 해내는 아는 아이란 걸 알고 계셨던 거네요.

내담자: 네, 그래서 어려워도 제가 그 시간을 버틸 수 있었던 것 같아요. 제가 봉제공장 했다고 했잖아요. 사실 잘 모르고 시작한 거지만 그때도 엄마가 힘을 많이 주셨어요. '잘 해낼 거야.'라고. 지금도 엄마 생각하면 가슴이 짠해요. 지금 막막하기는 해도 그때의 엄마 맘을 생각하니 그래도 기운이 나네요. 어쩌면 지금도 어떻게든 해낼 수 있지 않을까 하는 생각이 들기도 하구요.

상담자: '지금도 어떻게든 해낼 수 있을 거다.'란 말을 친정어머니가 들으신다면, 어머니 맘이 어떠실까요? 그게 어머니에게 어떤 의미가 될까요?

(7) 9회기(내담자, 큰아들)

마지막 회기에 내담자와 큰아들이 함께 참여하여 정의예식 대화를 나누었다. 내담자는 자기 인생 이야기의 주인공이 되고 아들은 그 이야기의 증인이 되어, 상담자의 안내에 따라 말하기와 다시 말하기를 실시했다.

① 내담자의 말하기

상담자: 어머니, 지금 돌아보면 처음 상담 오셨을 때 무엇이 가장 힘드

셨지요?

내담자: '악마'에 대한 거였어요. '악마'가 찾아오면 무기력해지고 불안 하니까. 아무것도 할 수 없어서요. ('악마'의 힘이 크게 작용할 때 내담자가 어떻게 되는지를 설명한다.)

상담자: 그 '악마'에 대해 요즘은 어떤 생각이신가요?

내담자: 저는 '악마'로부터 벗어나 가족들과 함께 재미있게 살고 싶어요. 가정을 지키고 아이들을 잘 키우기 위해 노력했지만, 애들 아빠 를 다시 만나면서 '악마'가 더 거세게 나를 괴롭히게 됐어요. 그 렇지만 내가 가지고 있는, 보잘것없지만 음식을 맛있게 하고, 생각하고 정리하는 '심사숙고' 능력이 조금 있으니까, 아이들이 잘 되게 뒷바라지 할 수 있을 거예요. 그러면 '악마'가 계속 찾 아와도 우울한 마음이나 무기력한 마음이 너무 커지지 않을 수 있을 것 같아요. 아프지 않고 건강하게, 그리고 행복해지고 싶 어서요.

② 아들의 다시 말하기

상담자: 어머니의 이야기를 들으면서 어떤 말씀이 가장 인상적이었어요?

큰아들: 엄마, '악마' 때문에 힘들어하는 줄 잘 모르고 우리들을 힘들게 한다고 짜증 부리고 성질내서 미안해. 엄마가 아빠한테 매일 당하기만 하니까 아빠가 밉고 나 혼자 살고 싶다는 마음도 많았 는데, 그리고 엄마가 우릴 놔두고 집 나갔을 때도 아빠가 엄마 를 찾아내라며 우리를 너무 괴롭히니까 '자기 혼자 살려고 우리 를 버리고 나갔다.'고 생각했는데, 가정을 지키기 위한 것이었 다는 걸 알게 되어서 조금 마음이 위안이 되네.

상담자: 또 어떤 점이 인상적이었나요?

큰아들: 엄마가 '악마'와 싸우면서도 우리들 잘되라고 뒷바라지하고 행 복하게 살고 싶다고 했는데. 영재원에 같이 다니던 친구들이

원하는 학교에 진학해서 하고 싶은 것을 하는 걸 보니까, '뭣 같은 세상, 내가 지들보다 더 잘할 수 있는데.' 하는 마음에 인터넷만 더 하게 돼서 엄마를 속상하게 했다는 생각이 들어요.

상담자: 이런 이야기를 하면서 새롭게 드는 생각이 혹시 있을까요?

큰아들: 엄마, 나도 이제 방황 그만하고 대학 진학을 위해 열심히 공부해 볼게. 그리고 엄마한테 자주 대들어서 미안한데, 나는 말의 앞뒤를 정확히 하고 싶어서 그러는 거니까 오해하지 말기를. 장남으로서 동생들 잘 챙기고 열심히 살아 볼게.

③ 아들의 다시 말하기에 대한 내담자의 다시 말하기

내담자: 엄마가 집을 나갔던 것에 대해 이해해 준다고 하고 공부도 열심히 해서 진학하도록 노력한다고 하니 너무 마음이 안심이 되고 기쁘네. 엄마가 '악마'와 싸우면서도 버틸 수 있었던 건 너희들을 데려와서 함께 살아야 한다는 생각 때문이었는데, 막상 함께 살게 되니 더 큰 '악마'가 괴롭혀서 너희들을 힘들게 한 것 같아. 그렇지만 너희가 엄마의 어려움을 알아주니 그게 엄마가 버티는 데 힘이 되네….

3. 사례 3 당사자 소모임 '이야기뚜껑'[3)]

1) 개요

정신장애에 대한 사회적 스티그마는 내면화 과정을 통해 정신장애 당사자의 자기-스티그마로 이어진다. 자기-스티그마는 당사자가 스스로 자기 정체성을 불명예스럽게 여기는 행위로, 사회적 위축이나 고립을 초래하고 당사자가 주도적으로 자기 삶을 살아가는 경험을 제한한다. 그 때문에 정신질환으로부터의 회복 과정에는 자기-스티그마를 감소시키는 노력이 필요한 동시에 오점 있는 정체성에 질적인 변화가 동반되어야 한다.

'이야기뚜껑'은 당사자가 자신의 삶의 경험을 이야기하면서 그 삶의 여정 속에서 축적해 온 다양한 지식과 기술을 보다 수월하게 조명하도록 설계된 프로그램이다. 이 프로그램은 총 10개의 모듈로 이루어져 있으며 모듈별 주제는 증상, 차별과 편견, 변화 동력, 꿈과 희망 등 다양하다. 모듈의 개수와 주제는 참여자들 간의 토론과 협상을 통해 결정된다.

---

3) 이선혜, 송영매, 김민아, 서진환(2018). 정신장애인 자기-스티그마 감소프로그램의 개발과 파일럿실행: 정체성 재구성을 위한 이야기치료의 적용. 가족과 가족치료, pp. 157-183 발췌 수정.

2) 목표

참여자들이 자기-스티그마를 감소시키고 빈약한 정체성을 자신이 선호하는 대안적 정체성으로 재구성한다.

3) 참여자

지역사회 정신재활시설을 이용하는 26세에서 45세 사이의 남녀 회원 7명으로 조현병이나 분열형정동장애로 진단받고 약물 복용 등 증상 관리를 꾸준히 하고 있는 이들이다.

(1) 1회기. 우리가 궁금한 이야기

첫 만남에서 참여자들은 10개 모듈에 대한 세부적 설명을 들었다. 이어서 집단 토의를 통해 각자가 선호하는 모듈을 밝히고 그 이유 등을 서로 나눈 뒤 최종적으로 6개의 모듈을 6회기에 걸쳐 진행하는 데 합의하였다. 참여자들 간에 동료 관계가 시작되었고 앞으로 진행될 모임에 대한 호기심과 기대를 표현하였다.

(2) 2회기. 증상을 관리하는 나만의 비법

증상은 당사자 일상에 지속적으로 공존하기 때문에 당사자는 어떤 방식으로든 그에 대응하기 마련이다. 비록 증상 자체를 제거할 수는 없으나 증상이 당사자에 미치는 영향력을 감소시키는 것은 가능하다. '혹시 증상의 힘이 일정한지, 아니면 조금 약하게 느껴질 때도 있는지' ' 그때는 (당사자가) 어디서 누구와 무얼 하고 있을 때인지' 등의 질문에 대답하는 과정에서 참여자들은 개인적 차원에서 사용해 온, 권위 있는 존재(서비스 제공자 등)에게 인정받은 적 없는, 전략이라는 생각을 미처 해 본 적 없는 다양한 비법들을 제시하게 되는데, 이 과정에서 증상으로 인한 압박과 부담이 덜어지는 느낌, 증상에 대한 통제력이 높아지면서 임파워되는 느낌을 표현하였다.

> 약 먹기, 증상에 관련된 책 읽기, 청결유지, 잠자기, 텔레비전 보기, ○○방송 보기를 통해 생각이 없어지고 현실 생활에 적응하게 돼요. (참여자 F, 2점)

일부 참여자는 여기에 그치지 않고 자신이 부지불식간에 사용해 온, 증상에 대처하는 나름의 전략들을 공유함으로써 증상을 자기 통제하에 두었던 경험을 현실에 추가하고(재구성) 그 과정에서 주체로서의 의식이 향상되는, 확장의 경험을 이야기하였다. 또한 이러한 새로운 인식과 경험이 자신의 삶에서 어떤 의미이고 어떤 가능성을 열어 주는지에 대한 이야기로 이어지면서 이번 회기 이전에는 미약했거나 존재하지 않았던 현실이 서서히 구체화되는 과정을 보여 주었다.

> 생각하는 것과 반대의 행동을 하고, '그만, 그만'이라는 생각을 떠올리고 무시하고 집중을 해요, 그러면 대마왕(증상)의 크기가 절반으로 줄어들고 내가 떠올렸던 폭력적인 것에 대해 죄책감을

덜게 되고, '실수하면 어떡하나?'라는 강박관념에서 조금 거리를
두고 살 수 있게 되면서, 발병하기 전 어렸을 때 제 자신이 생각
나면서 삶의 책임감도 생기고 기분 좋은 설렘을 느끼면서 내 자
신에게 떳떳하게 살 수 있을 것 같은 생각이 들어요. (참여자 B,
3점)

(3) 3회기. 내가 세상에 하고 싶은 말

사회적 편견과 차별은 당사자에게 상처를 남기는 동시에 당사
자가 스스로를 부끄러운 존재로 바라보는 요인 중 하나로 작용한
다. 참여자들은 각자가 경험한 세상의 처우를 집단에 이야기하였
고 진행자는 부정적 이야기 속에서 참여자의 주체성(능동성)의 흔
적이 될 수 있는 생각, 태도, 결심, 행동, 선택 등을 찾아 '그런 눈
으로 날 바라봤을 때 어떤 생각이 들었는지, 그런 생각 뒤에는 어
떤 믿음이나 소신이 있었던 건지.' 등의 추적질문을 하였다.

도서관에서 일을 하고 있는데, 직원들이 장애인 일자리사업
으로 오신 선생님에 대해 장애를 가져서 일을 잘 하지 않고 말
을 안 듣는다고 이야기하는 것을 듣고 당황스러웠어요. … 열심
히 일했어요. 부정적인 편견을 만들고 싶지 않았었던 거 같아요.
아프다고 해서 일을 못한다, 안 한다 그런 게 아니라는 걸 (보여
주고 싶었어요.) … 이런 건 병과 나를 분리하는 거예요. (참여자
A, 계속)

그 결과 정신질환에 대한 타인의 시선으로부터 나를 분리시키

기, 정신질환에 대한 잘못된 부분에 대해 지적하고 사실을 알려 주기 등 각자 적극적으로 선택한 행동을 집단에 공유할 수 있었다. 또한 그러한 선택과 행동에는 자신이 일방적으로 정체성에 손상을 입도록 방치하기보다 자존감을 지키기 위해, 오만과 조롱에 대항하기 위해, 행동으로 진실된 모습을 보여 주기 위해서라는 명분이 작용하였음이 드러나고 있어, 해당 참여자가 그런 가치를 지닌 사람이라는 새로운 정체성이 구성되기 시작함을 관찰할 수 있었다.

병과 나를 분리시키면 불행한 사람(정신질환 있는 불행한 사람이란 정체성)에서 해방될 수 있다는 게 좋았어요. 병이 있다고 나에게 벽을 만드는 것이 아니라 도전을 해 볼 수 있고, 좀 더 자신감을 찾게 해 줘요. 병은 내 발목을 잡는 것이 아니라 생각합니다. (중략)…연산기호 한 다음에 이렇게 병 [나>병]. 내가 병보다 커지는 것 같아요. 제가 살면서 아프고 나서 약을 먹고 병을 잊어 본 적이 없는데 이제는 분리시킨다는 말을 하고 보니까 병보다 내가 더 중요하다. 내가 하고 싶은 것은 무엇이고, 내가 어떻게 살고 싶은지 병을 떼어 놓고 보면 나는 어떤 사람일까, 이런 생각이 들었어요. (참여자 A, 3점)

한편, 일부 참여자들의 이야기는 대응 행동을 포함하였지만, 다음과 같이 자기 정체성으로 연결되지 못한 채 일상의 유익을 말하는 차원에 머무른 경우도 있었다.

인터넷 어느 동영상 댓글에 '조현병 같아.'라고 써진 것을 보고 이 병에 대해 사람들 인식이 부정적이라는 것을 느꼈어요. 그 댓글에 더 조현병에 대해 이야기할 수도 있었으나 장난스러운 것 같아 일일이 대응하지 않고, 나의 시간과 에너지를 소비하고 싶지 않았어요. 일일이 대응하지 않는 행동을 함으로써 정신장애에 대한 낙인에 적극적으로 대처하지 않다고 할 수도 있지만, 내 시간과 에너지를 절약함으로써 내가 하고 싶은 일을 더 할 수 있으니까 현명하다고 생각해요. (참여자 E, 2점)

(4) 4회기. 나와 내 병: 과거, 현재, 미래

정신질환으로 진단받은 사람은 흔히 질병과 자기를 동일시하는 경향이 있고 증상이 쉽게 감소하거나 소멸하는 것이 아니기 때문에 둘 사이의 관계 변화를 상상하기 어려울 수 있다. 진행자는 질병이나 증상을 외재화하도록 한 뒤 질병과 참여자가 과거 어떤 관계였는지, 현재 어떠한지를 이야기로 풀어 보도록 요청하였다.

병은 나를 혼자 고립시키고, 무슨 생각에 빠지게 하고, 고민되게 하고 나를 계속 쫓아다녀요. 병은 나를 계속 쫓고 나는 그 병에 쫓기는 관계 같아요. (참여자 F, 1점)

이런 단계를 거쳐 참여자는 질병과 참여자의 관계가 시간적으로 변화하고 있다는 것, 그리고 그 변화를 참여자가 어떤 식으로 경험하는지, 그 경험의 근거가 무엇인지를 참여자의 관점에서 이야기하게 되었다. 질병에 대한 이해 방식이 질병의 존재 여부에만 초점을 두었던 과거 방식에서 관계란 변할 수 있는 것이라는 이해

방식으로 전환되면서, 참여자는 다음과 같이 인식의 확장을 경험하게 되었다.

> 더블백의 무게가 초창기에는 부피가 굉장히 크고 무거웠어요. 이 더블백을 치워야 하는데 너무 무거워서 바라만 보고 있었어요. 지금은 더블백이 가벼워지고 짐을 점점 빼서 가벼워졌어요. 더블백 속에 있는 짐들을 내가 하나씩 빼서 옮길 수도 있고, 못 옮기는 것은 안 보이는 곳에 넣을 수도 있고, 어디든지 수납할 수 있을 정도로 스스로 더블백을 컨트롤할 수 있어 내 삶이 더 풍요롭게 되고 증상에 얽매이지 않게 되어 이 관계가 마음에 들어요. (참여자 D, 2점)

나아가 그 속에서 삶의 주체로서의 의식 혹은 능동성, 즉 질병을 갖고 있음에도 자신의 영향력 혹은 운신의 폭이 넓어진 것을 깨닫게 되면서, 미래 삶에서 질병과의 관계가 현재와는 다른 것이 될 수 있다는 가능성을 상상할 수 있게 되었다.

> 예전에는 병이 저를 괴롭히는 관계이며, 도무지 감당하기 힘든 혹은 감당할 수 없는 관계라고 생각했어요. 그렇지만 현재는 내가 말하지 않으면 다른 사람들은 모르는 관계로, 시간이 지날수록 그 관계가 익숙해지고 작아지는 짐 같아요. 현재 병과 나와 관계에서는 약을 먹는 것과 안 먹는 것이 중요하지 않으며, 이 관계 속에서 내가 해 보고 싶은 것을 많이 해 볼 수 있을 것 같아요. 병을 가지고 있기 때문에 스스로가 만든 부정적인 편견 속에서 살고 싶지 않아요. (참여자 A, 3점)

내가 잡여질 수
있는 관계
극복해야 하는 관계

(5) 5회기. 나의 인생클럽

정신질환은 당사자의 정체성을 정의하는 데 매우 지배적으로 작용하기 때문에 스스로조차도 자기를 다른 방식으로 정의한다는 것을 상상하기 어렵다. 누군가 질병 이외 다른 측면에서 자기를 알아봐 준 존재가 있다면 그 관점에서 자기를 바라보는 것이 지배적 정체성을 약화시키는 하나의 방법이 될 수 있다. 진행자는 참여자 삶에서 그 사람을 지지해 준 다양한 존재(인생 회원)에 대한 기억을 불러내어 그들의 눈에 비친 참여자의 이미지(정체성)에 관한 이야기를 풀어내도록 촉진하였다. 이러한 대화는 다음과 같이 참여자가 선택한 회원과의 관계에 얽힌 이야기를 풀어내는 방식으로 진행되었다.

축구를 사랑했기 때문에 다른 사람들과 많이 어울리고 함께 동참하고, 나를 응원해 주는 사람들(회원)이 있어서 사람들과 함께 즐거움을 느꼈는데, 병이 생기면서 축구선수로서 기대에 부응하지 못했어요. 앞으로 축구선수는 할 수 없지만 사람들이 축구를 즐길 수 있도록 노력할 것이며 죽을 때까지 상상 속에서 축구선수로 남아 있고, 앞으로 살면서도 축구와 계속 함께할 거예요. (참여자 E, 2점)

이러한 이야기가 좀 더 풍부해지면 참여자 자신이나 주위 사람들에게 익숙한, 의욕 부족과 동기 상실로 가득한 사람의 이미지는 무언가에 열정과 바람을 갖고 있는 사람의 이미지로 전환된다. 또한 인생 회원과의 관계에서 참여자가 회원에게 무언가 받기만 하는 일방적 관계가 아니라 참여자가 회원이 눈여겨본 자질을 발휘하여 회원의 기대에 부응하는 쌍방적 관계임이 드러나게 되는데, 이 과정에서 참여자 정체성이 고립과 단절이라는 삶의 주제에서 조금씩 멀어지는 현상(distancing)이 관찰되었다.

기관의 담당선생님은 제가 대인관계로 힘들 때마다 자신의 경험을 이야기하시면서 많은 조언을 해 주세요. 제가 선생님의 조언과 충고를 받아들이고 실천하는 모습을 보시고 많이 성장하고 있구나 생각하실 것 같아요. 또, 나의 성장하는 모습을 보면서 선생님도 실무자로서 (성장하여 다른 이들에게) 긍정적 영향을 줄 수 있을 것 같아요. (참여자 C, 3점)

이러한 텍스트는 이 회기에서 참여자가 회원과의 관계 속에서 일정한 역할과 기여를 한 점에 관한 이야기가 발달되었음을 보여 주는 것으로, 관계주체로서 해당 참여자의 선호하는 이미지가 서서히 구체화되고 있음을 보여 주는 것이다.

(6) 6회기. 내 삶을 움직이는 것

이 회기에서는 과거나 현재의 구체적 사건과 관련하여 참여자가 선호하는 이야기를 풍부히 발달시키면서 그 사람의 의도나 지향(원칙, 소신, 목적, 바람, 희망, 헌신 등)을 드러내고 그것들을 일상에서 실현하는 방안을 탐색하고자 하였다. 이런 이야기는 일반적으로 당사자에게 의미가 있는 사건이나 당사자가 주목한 신변의 일화를 이야기하는 데서 시작된다.

예전에 키우던 강아지와 어쩔 수 없이 이별을 하게 되었는데… 그 경험을 통해 사람이나 동물들 간에도 서로 교감을 하는 것이 중요하고, 제가 애정에 목마른 사람이라는 것을 알게 되었어요. (참여자 B, 2점)

… 다른 적극적인 회원님들이 나에게 다가와서 말을 걸어주고 재미있는 얘길해 주고 그런 경험했던 게 많았던 것 같아요. … 저는 그렇게 사람들이 관심을 가져주면 저는 소속감이 들어요. 함께하는 마음으로 서로를 또 존중해 주고 의지하고 뭔가 서로를 그냥 발전되길 바라는 같아요. 그래서 저도 소속감을 느끼면 발전되는 느낌이 들고 앞으로 어떻게 인생을 살아가는 데 있어 원동력이 되는 것 같아요. (참여자 C, 계속)

자신이 삶에서 무엇을 중시하는지를 잘 보여 주는 단계까지 이야기를 풀어내는 작업에는 대부분의 참여자가 성공을 하였으며, 일부 참여자는 자신의 지향을 보다 구체화시켰다. 즉, 그러한 지향에 따라 행동하는 주체로서의 정체성을 보다 분명하게 인식하면서 그 지향을 일상에 적용하기 위한 실천 목록을 구성하는 단계에 이르렀다.

> (소속감은) 예전부터 보면 무의식부터 생각해 왔던 것을… 정의를 지은 것은 오늘 이 프로그램 시간인 것 같아요. … 소속감이 중요한 가치라고 의식하지 않았던 예전에는 앞에 닥친 인생에 과제에 대해서 굉장히 의기소침해지고 피하려고 했 다면, 이 가치를 오늘 좀 깨달음으로써 그것을 의식하고 산다면 그 많은 삶의 도전에 좀 두려워하지 않고 용기 있게 실행을 해 나갈 것 같다는 (생각을 했어요.) … (중략)… 당사자 리더가 되려면 회원님들을 다 아우르고 리드할 수 있는 것이 필요하잖아요. 먼저 다가가는 것이 필요 할 텐데, 회원님들이 먼저 다가오는 것을 기다리는 내가 아니라 먼저 다가가서 친하게 지내고 또 예전과는 좀 차원이 다르고 질이 높은 소속감을 느끼면서 좀 더 폭넓은 인간관계를 하면서 살고 싶어요. (참여자 C, 3점)

(7) 7회기. 우리가 일구는 삶

마지막 회기는 프로그램 전 과정에서 도출된, 당사자가 선호하는 자기 정체성을 종합적으로 조망하고 새롭게 발달하고 있는 정체성으로 인해 열리는 새로운 가능성을 함께 이야기하는 시간이다. 참여자들은 그동안 각자 말했던 자기 이야기나 언급했던 표현 가운데 주목이 되는 것들을 선택하여 4절지 양식 위에 옮겨 적고 전체 내용을 한 사람씩 집단에 간략히 공유하였다.

저는 제가 생각보다 만족스러운 삶을 살고 있구나. 이걸 만들면서 느끼게 되었고… 병이 있는데, 항상 약을 안 먹어야지, 난 병이 있다 자신을 두고 깎아내리거나 이랬는데 이렇게 내가 병을 통해서 얻는 것도 있고 그리고 나를 이루고 있는 것이 없어지지 않았고 내가 딴 거에 도전, 도전도 할 수 있는 사람이라는 거를 알게 되어 좋았어요. … 그래서 이제는 이제 감사하는 마음으로 성장하고 살 수 있을 것 같아요. 병에 걸린 것이 누가 때린 것 같이 굉장히 아파 오고 충격을 받지만, 멍이 들어도 서서히 낫고 있고, 기억될 수는 있지만 적응하면서 그 병이 사라지는 느낌이 들었어요. 나와 병을 분리시켜 들여다보니 병보다 내가 더 중요하다는 생각이 들었고, 내가 하고 싶은 것이 무엇인지, 내가 어떻게 살고 싶은지 생각을 해 보게 되었어요. (참여자 A, 3점)

내 증상이 나에게 항상 매달려 있지만, 세상이 필요로 하는 그런 사람이 되고 싶은 꿈을 갖고 살고 있는 사람이에요. 나에게 소중한 가족, 유튜브, 소중한 물건들과 함께 하고 있고, 내가 좋아하는 일을 할 수 있는 시간을 잃어버리지 않고 함께 하고 있다는 것을 알게 되었어요. … 병을 부정적이고, 힘들고, 못 낫는 병이라고 생각했는데, 이 병을 이렇게 짊어지고 가는 데 있어서 병을 파악하고, 예전에 잃어버린 부분들, 발병 이후 멀리하게 되거나 포기할 수밖에 없었던 부분들을 찾아가면서 살아갈 수 있을 것 같아요. … 센터 회원들과 함께하는 삶을 통해서 세상에서 필요한 사람이 되고 싶어요. 댄스강사가 되기 위해서 열심히 음악을 듣고, 혼자서 땀도 많이 흘리면서 댄스 연습을 할 거예요. (참여자 B, 3점)

이번 회기에 구성된 참여자의 이야기는 그들이 6회에 걸쳐 발달시킨 내러티브로서 질병과 별개의 존재로서 참여자들 자신이 주목하고 선호하는 것들, 즉 자기 삶이나 자기 정체성과 관련하여 새롭게 알게 된 것, 생각의 전환이 있었던 것, 재확인하게 된 것을 포함한다. 이 과정은 자기 정체성이 빈약한 상태에서 풍부한 상태로 이동하는 과정일 뿐만 아니라, 지속적으로 재구성되는 정체성을 토대로 이전에는 가능하지 않았던 것들을 생각하고 계획하며 실행에 옮기는 이야기로 이어지면서 다음 행보의 동력이 된다.

4) 평가

이야기뚜껑 집단프로그램은 자기-스티그마 행위에 유의한 감소 효과를 보였는데, 특히 자기-스티그마 척도(Corrigan et al., 2012)의 네 가지 하위차원(고정관념 인지, 고정관념 동의, 자기에게 적용, 자해) 중 동의와 적용 영역에서 감소 효과가 통계적으로 유의하게 나타났다. 이러한 결과는 앞의 집단프로그램이 사회적 스티그마가 당사자에게 내면화되고 내면화된 스티그마를 다시 당사자 스스로가 자신에게 적용하는 지점에 작용하여, 부정적 이미지로 가득 찬 자기이야기가 그와 대조적인 이야기로 방향 전환해 나가는 데 핵심적 역할을 수행한 것으로 볼 수 있다.

이와 함께 참여자의 대안적 자기 정체성 발달 정도를 평가하기 위해 사전에 개발된 평정기준(1~3점)에 의해 전사자료를 코딩한 결과(〈표 7-1〉 참조), 참여자 7명 가운데 5명이 6회의 개입을 거치는 동안 대안적 내러티브를 발달시키면서 그 속에서 대안적 정체성이 형성되었거나 형성되기 시작하는 성과를 보였다. 특히 그중 3명은 대안적 정체성이 발달하면서 그들의 내러티브에 임파워먼트 증진, 주체로서의 의식 또는 능동성(White, 2012)의 향상을 시사하는 표현과 설명이 나타났다. 이는 새로운 일을 시도하거나 목표를 가지게 되고, 이전에는 미처 깨닫지 못했던 가능성을 떠올릴 수 있는 상태가 되는 의미 있는 진전으로 이어졌다.

〈표 7-1〉 대안적 내러티브 발달수준 평가 결과: 회기별, 개인별

참여자	1회기	2회기	3회기	4회기	5회기	6회기	7회기	총점 (15점)	평균 (3점)
A	-	3	3	3	3	2	3	17	2.83
B	-	3	3	3	3	2	3	17	2.83
C	-	3	2	2	3	3	2	15	2.50
D	-	2	2	2	2	2	2	12	2.00
E	-	2	2	2	2	2	3	1	12	2.00
F	-	2	1	2	1	2	1	9	1.50
G	-	2	0	2	0	0	0	4	0.67
총점	-	17	13	16	14	14	12	86	14.33
회기평균	-	2.43	1.86	2.29	2.00	2.00	1.71	12.29	2.05

8장
이야기치료의 공헌과 비판점

이야기치료는 White와 Epston이 개발하고 호주 Dulwich Centre를 주축으로 발전된 상담치료 접근이다. 사회구성주의, 페미니즘 등 포스트모더니즘과 포스트구조주의를 토대로 인간 삶의 문제를 언어, 의미, 맥락의 차원에서 새롭게 조명하고 해결 방안을 모색하는 데 초점을 둔다. 최근 들어 DBT(Dialectic Behavior Therapy), ACT(Acceptance and Commitment Therapy)와 함께 주류 상담치료 이론의 한계를 뛰어넘는 접근으로 거론되고 있다(Murdock, Duan, & Nilsson, 2012). 여기서는 이야기치료의 최근 논평에서 거론되는 몇 가지 사안들을 중심으로 핵심 쟁점들을 살펴본다.

1. 행동 주체의 책임

'문제가 되는 것은 문제이지 사람이 아니다.'는 이야기치료의 대표적 슬로건이다. 이야기치료에서 문제를 외재화하는 작업이 필수적인 것은 아니지만 가장 널리 알려져 있기 때문에 잦은 비판의 대상이 된다. 외재화를 비판하는 입장에서는 문제와 사람을 분리하는 것을 우려 섞인 눈으로 바라보는데, 그 중심에는 건강한 사람이라면 자신의 행동에 적절한 책임을 지는 것이 마땅하다는 시선이 존재한다(Hill, 2012). 또한 이야기치료의 저자들이 폭력 행위자를 설명할 때 종종 "폭력을 조장하는 사고방식과 행동방식에 낚였다(recruited)."와 같은 표현을 사용하는데, 그러한 표현은 행위자를 가부장적 특권으로 타인을 해치는 존재가 아니라 수동적 존재로 만들어 버림으로써 행위자의 책임과 의무를 모호하게 한다고 비판한다(Ridley & Mollen, 2012).

이야기치료 관점에서 문제와 사람을 분리하는 작업은 내담자가 자신을 향한 적대적 시선에 반사적으로 대응할 수밖에 없는 상황에서, 상담자로 하여금 그러한 대립을 피해 나갈 수 있도록 해 준다. 뿐만 아니라, 내담자로 하여금 문제에 항의하고 있는 상담자에 합류할 수 있는 공간을 열어 준다. 그래서 내담자가 문제의 행보에 반대하기 시작하면 힘의 역동에 의미 있는 전환이 일어난다. 이제 두 사람의 항의 활동은 외재화된 문제를 정조준하게 되고 그와 더불어 내담자는 문제적 신념이나 습관에 자신을 내어 준 과거에 등을 돌리는 부수적 항의 활동을 개시하게 된다(Tomm, 1993). 결과적으로 내담자는 선호하는 삶의 방향을 선택하는 데 있어 보다 나은 위치에 서게 된다.

보다 나은 위치란 이를테면 폭력 사례에서 학대 중단을 위해 피해자 혼자 고군분투하는 상황에서 행위자도 학대 중단에 주도적으로 참여하는 상황으로 이동하는 지점이다. 그러한 이동은 행위자가 학대에 대한 책임과 학대 중단에 대한 의무를 감당하는 선택과 교차하는 지점이다. 그런 의미에서 문제와 사람을 분리하는 작업은 행위 주체의 책임을 모호하게 하기보다 불공정한 행동 패턴을 보다 수월하게 변경하는 기법이 될 수 있다(Combs & Freedman, 2012).

2. 내러티브 재구성

Clara Hill은 상담치료 분야의 연구와 저술로 널리 알려진 인물로, 이야기치료가 마치 새로운 언어로 정신역동이론을 설명하는 것 같다는 평을 내놓았다(Hill, 2012). 그러한 판단의 근거로 정신역동 상담에서 내담자에게 자신의 경험을 이야기하도록 한 뒤 '통찰' 하고 '교정적 경험'을 하도록 상담자가 지원하는 점을 들었다. 성장기 경험을 새로운 방식을 이해함으로써 내담자가 새로운 내러티브를 창조하도록 한다는 점에서 이야기치료와 유사하다는 것이다. 또한 이야기치료의 방법이 정신역동상담에서 실시하는 '말하기(talking)'보다 조금 더 적극적이고 지시적인 듯하나, 전반적으로 이 두 가지 접근이 크게 다르지 않다고 보았다.

이러한 평은 일견 수긍되는 측면이 있으나, '통찰'이나 '교정적 경험'이라는 용어가 '정상성 담론'(Foucault, 1973)에 토대를 둔 것이라는 점에서, 두 접근이 전제하는 인간관 사이에 근본적 차이가 있음을 상기할 필요가 있다. 정신역동상담은 과거 경험을 교정의 대상으로 바라보는 반면, 이야기치료는 과거 경험을 다중적 해석의 대상으로 바라보면서 그에 대해 다양한 의미를 도출하고 선호하는 의미를 선택하도록 한다는 점에서 차이가 있다.

또한 두 접근은 새로운 내러티브를 창조하는 행위의 초점과 방식에 차이가 있다. 정신역동상담의 내러티브는 모던적 의미의 내러티브로, 상담 초점이 현재 문제의 내적 원인에 대한 통찰을 이야기에 담아내는 데 있다. 이와 대조적으로 이야기치료에서 말하는 포스트모던 내러티브는 과거 경험을 이해하는 틀이자 현재 선택의 지침이며 미래 삶을 조형하는 틀의 의미를 갖고 있다. 이에 따라 상담 초점은 과거 경험을 빈약한 방식으로 해석하도록 하는 기존 틀을 해체하여 선호하는 틀로 재구성하는 경험을 제공하고, 나아가 개인이 그 틀을 지속적으로 재구성하면서 그 속에서 현재와 미래 삶의 모양새를 만들어 가도록 하는 것이다.

특히 기존 내러티브가 특정 경험을 특정 방식으로 해석하도록 압박한 배경에는 기존 해석틀이 만들어지는 과정에 사회문화적 규범이 스며들어 있기 때문인 점을 내담자가 인식하는 것이 중요하다. 그 때문에 '새로운 내러티브'를 창조하는 행위는 내러티브의 내용이 아니라 내용을 해석하는 렌즈로서의 속성을 바꾸는 데 초점을 두는 것이다. 그 방식이나 과정 또한 상담자의 권위나 지식이 아니라 내담자가 추구하는 지향을 중심에 두고 상담자가 탈중심적 입장이 되는 방식이다. 이렇게 볼 때 '말하기'나 '내러티브 재구성' 행위는 두 접근에 공통적이지만 각각의 초점과 방식 그리고 거기에서 생산되는 텍스트에는 근본적 차이가 있다고 하겠다.

3. 의미

이야기치료에서 의미라는 용어가 중요하게 다루어지면서 독자에게 실존주의를 연상시키는 데 반해 막상 그에 대한 언급이 부재하다는 지적이 있다(Ridley & Mollen, 2012). 의미는 실존철학의 핵심 개념으로 실존상담에서 중심적 위치를 차지하고 있다. 실존상담에 따르면 개인이 현재 경험하는 불안과 갈등 및 장애의 원인은 자기 상실 내지 논리 불합리성에 있다. 따라서 상담자는 지금-여기의 자기 자신을 신뢰하도록 하는 데 목표를 두고, 이 세상에 던져진 삶을 수동적으로 살아갈 것이 아니라 자기 나름대로의 주관을 가지고 능동적으로 삶의 방향을 선택하도록 지원한다. 참만남 경험을 통해 정신적 시야를 넓힘으로써 삶에 새로운 의미를 부여하고자 한다.

이야기치료는 사회문화적 산물로서 실존주의, 현상학, 해석학 등 20세기의 시대정신을 이루는 다양한 철학적 사상들에 토대를 두고 있다. 그중에서 특히 포스트구조주의의 영향이 두드러지는 가운데, 이야기치료에서 '의미'는 실존주의에서 뜻하는 의미에 그치지 않고 '의미를 수행하는(performing meaning)' 차원으로 확장된다. 의미를 수행한다는 것은 우리가 되고 싶은 바대로 행동하면서 그런 존재가 되어 가는 동시에 우리가 주변 사람들의 반응과 기대에 의해 만들어진다는 뜻이다(Combs & Freedman, 1999). 우리는 수행자(performer)가 되기도 하고 청중이 되기도 하면서 서로의 계속되는 드라마에 적극 참여한다. 상담자는 상담 지도(map)를 활용하여 그러한 드라마 속 주인공이 지향하는 의미, 즉 주인공의 정체성을 텍스트 형태로 포착한다. 내담자가 선호하는 삶과 정체성은 상담자와 내담자가 질문과 대답을 주고받는 과정에서 만들어진 텍스트로 인해 비로소 현실로 가시화된다.

4. 관계성

Ridley와 Mollen(2012)은 이야기치료에서 인간이 관계적 존재임을 강조하는 점이 사람과 사람의 연결을 강조하는 관계문화상담(Relational Cultural Therapy: 이하 RCT)과 유사하다고 보았다(Ridley & Mollen, 2012). RCT에 따르면 우리는 모두 기본적으로 관계 맺기와 수용의 욕구가 있으나 상대에게 자신의 일부를 숨김으로써 충만한 연결을 경험하지 못한다(Miller et al., 2004). 이에 따라 RCT의 목표는 5가지 선(good things) 경험이 가능한 상호성장

육성관계(Mutually-Growth-Fostering Relationships)를 관여된 사람들 사이에 만들고 유지하는 데 있다(Robb, 2006).

이야기치료에서 인간이 관계적 존재라는 점을 언급하는 경우는 주로 개인 정체성에 관한 논의에서이다. 자기(self)를 경험하는 것은 다른 사람과의 지속적인 교류 속에서 이루어진다. 자기는 지속적으로 자기 자신을 창조하는데, 이 과정은 내러티브를 통해 이루어지며 이때 구성되는 내러티브는 교류하는 이들과 상호 얽혀있는 내러티브이다(Weingarten, 1991, p. 289). 즉, 우리의 이야기는 우리가 누구이고 누가 될 수 있는지를 말해 주고 그 이야기는 타인과의 관계와 별개로 존재할 수 없다. 타인과의 경험 그리고 그들이 어떻게 우리를 지각하는지에 대한 우리 이해를 바탕으로 그 모양새가 만들어진다.

RCT와 이야기치료가 모두 관계의 중요성을 말하고 있으나 주된 차이는 자기(self)에 대한 인간관 차이에서 찾아볼 수 있다. 커플상담의 예를 들어 보면, 전자는 개인주의적 자기에 기초한 구조주의 인간관을 배경으로 하기 때문에 커플 의사소통 문제를 생각, 감정, 욕구를 상대에게 적절히 표현하는 데 실패한 개인의 문제로 보고 소통기술의 재학습을 통해 해결책을 모색하도록 지원한다(Carlson & Haire, 2014). 반면에 이야기치료에서는 우리가 모두 타인의 자기 구성에 적극적으로 참여하는 존재이고 그런 의미에서 상대의 삶과 상대의 이야기가 만들어지는 과정에 참여하여 일정한 역할을 하는 존재로서 나 자신의 책임을 인지하는 데 우선순위를 둔다(Carlson & Haire, 2014).

이렇게 볼 때 전자에서 말하는 관계성은 독립적이고 별개인 자기들을 연결하는 데 초점을 두고 있는 반면, 후자에서 말하는 관계성은 자기가 상호 관계 속에서 형성되는 것이고 그래서 서로의 현재 모습에 서로가 공헌과 책임을 동시에 가진다는 점을 강조하는 맥락에서 사용된다는 차이가 있다. 자기를 관계 속에서 바라보게 되면 상대의 삶과 내러티브에 책임의식이 생기고 관계적 책임을 실천하는 데 대한 대화를 할 수 있게 된다.

참고문헌

고미영(1996). 이야기 치료의 경험에 관한 질적연구: 이야기의 전환은 가능한가. 한국사회복지학, 30, 1-24.

고미영(2000). 이야기치료의 한국적 적용에 관한 연구. 가족과 가족치료, 8(1), 111-136.

고미영(2014). 한국적 상담 현장에서의 반영팀의 활용에 대한 상담자의 경험 연구. 가족과 가족치료, 22(2), 205-228.

이선혜(2008). 내러티브접근의 가족치료사적 의의와 한국 가족치료 발전에 대한 함의: 고 마이클 White 작업에 대한 재조명. 가족과 가족치료, 16(1), 43-62.

이선혜(2009). 이야기치료 문화의 이해를 위한 모건서베이(Morgan Survey)의 적용. 가족과 가족치료, 17(1), 1-30.

이선혜, 김민아, 서진환, 송영매(2018). 정신장애인의 자기-스티그마 감소를 위한 집단프로그램의 효과성 연구. 정신보건과 사회사업, 46(4), 5-34.

이선혜, 박지혜(2018). 이야기치료의 국내 연구동향 분석: 1996~2018. 한국가족치료학회지, 26(3), 343-377.

이선혜, 서진환, 신영화(2005). 한국의 가족치료 현장과 인력: 전국기관 조사연구. 한국가족치료학회지, 13(1), 79-123.

이선혜, 송영매, 김민아, 서진환(2018). 정신장애인 자기-스티그마 감소프로그램의 개발과 파일럿실행: 정체성 재구성을 위한 이야기치료의 적용. 가족과 가족치료, 26(1), 157-183.

정문자, 정혜정, 이선혜, 전영주(2018). 가족치료의 이해(개정판). 서울: 학지사.

한국가족치료학회(2016). 가족치료 사례집: 한국가족치료학회 발표사례.

허남순(2014년 9월1일). 전화 인터뷰.

Allan, J., & Bertoia, J. (1992). *Written paths to healing: Education and Jungian child counseling.* Dallas, TX: Spring.

Anderson, H., & Gehart, D. (Eds.). (2012). *Collaborative therapy: Relationships and conversations that make a difference.* Routledge.

Anderson, H., & Goolishian, H. A. (1988). Human systems as linguistic systems: Preliminary and evolving ideas about the implications for clinical theory. *Family Process, 27*(4), 371–393.

Andersen, T. (1987). The reflecting team: Dialogue and meta-dialogue in clinical work. *Family Process, 26*: 415–428.

Andersen, T. (1991). *The reflecting team: Dialogues and dialogues about the dialogues.* WW Norton & Co.

Bateson, G. (1972). *Steps to an ecology of mind: Collected essays in anthropology, psychiatry, evolution, and epistemology.* New York: Ballantine.

Berg, I. K. (1992). *On the condition of syntactic recoverability of null arguments in Korean.* University of Florida.

Berg, I. K. (1994). *Family-based services: A solution-focused approach.* New York: W. W. Norton.

Berger, P., & Luckmann, T. (1966). *The social construction of reality.* NY: Doubleday.

Bruner, J. (1986). *Actual minds, possible worlds. Cambridge.* MA: Harvard University Press.

Bruner, J. (1990). *Acts of meaning: Four lectures on mind and culture.* Cambridge, MA: Harvard University Press.

Carey, M. & Russell, S. (2002). Externalising: Commonly asked questions. *International Journal of Narrative Therapy and Community Work*, No. 2.

Carlson, T. S., & Haire, A. (2014). Toward a theory of relational accountability: An invitational approach to living narrative ethics in couple relationships. *International Journal of Narrative Therapy and Community Work, 3,* 1–15.

Cecchin, G., Lane, G., Ray, W. A. (1994). *The cybernetics of prejudices in the practice of psychotherapy.* London: Karnac Books.

Christenson, J. D., & Runkel, A. L. (2017). The use of letters to create movement in residential settings with adolescents and their parents. In J. Christenson & A. N. Merritts (Eds.), *Family therapy with adolescents in residential treatment intervention and research* (Chapter 2, pp. 13–27). Switzerland: Springer.

Cobley, P. (2001). Analysing narrative genres. *Sign Systems Studies, 29*(2), 479–502.

Combs, G., & Freedman, J. (1999). *Developing relationships, performing identities. Narrative therapy and Community Work: A conference collection* (pp. 27–32). Adelaide, Australia: Dulwich Centre.

Combs, G., & Freedman, J. (2012). Narrative, poststructuralism, and social justice: Current practices in narrative therapy. *The Counseling Psychologist, 40*(7): 1033–1060.

Corrigan, P. W., Michaels, P. J., Vega, E., Gause, M., Watson, A. C., & Rüsch, N. (2012). Self-stigma of mental illness scale short form: Reliability and validity, *Psychiatry Research, 199*(1): 65–69.

Dean, R. G. (1993). Teaching a constructivist approach to clinical practice. *Journal of Teaching in Social Work, 8,* 55–75.

Derrida, J. (1981). *Positions.* Chicago: University of Chicago Press.

De Shazer, S. (1985). *Keys to solution in brief therapy.* W.W. Norton.

Epston, D., (1994). Extending the conversation. *Family Therapy Networker, 18*(6), 31–37.

Epston, D., & White, M. (1992) *Consulting your consultants; The documentation of alternative knowledges. In experience, contradiction, narrative and imagination* (Chapter 1). Adelaide: Dulwich Centre Publications.

Eron, J., & Lund, T. (1996). *Narrative solutions.* New York: Guilford.

Fleuridas, C., & Krafcik, D. (2019). Beyond four forces: The evolution of psychotherapy. *SAGE Open, 9*(1), DOI: 10.1177/2158244018824492.

Foucault, M. (1965). *Madness and civilisation: A history of insanity in the age of Reason.* New York: Random House.

Foucault, M. (1973). *The birth of the clinic: An archeology of medical perception.* London: Tavistok.

Foucault, M. (1980). *Power/Knowledge: Selected interviews and other writings.* New York: Pantheon Books.

Fox, H. (2003). Using therapeutic documents: A review. *International Journal of Narrative Therapy & Community Work, 2003*(4), 25–35.

Freedman, J., & Combs, G. (2009). 이야기치료: 선호하는 이야기의 사회적 구성 (*Narrative therapy: The social construction of preferred realities*). (김유숙, 전영주, 정혜정 공역). 서울: 학지사. (원저 1996년 출간).

Freeman, J. C., Epston, D., & Lobovits, D. (1997). *Playful approaches to serious problems: Narrative therapy with children and their families.* WW Norton & Company.

Garske, J. P., & Anderson, T. (2003). Toward a science of psychotherapy research. In S. O. Lilienfeld, S. J. Lynn, & J. M. Lohr (Eds.), *Science and pseudoscience in clinical psychology* (pp. 145–175). New York: Guilford. Press.

Geertz, C. (1973). "Thick description: Toward an interpretive theory of culture". In the *interpretation of cultures: Selected essays.* New York: Basic Books. 3–30.

Gehart, D. (2014). *Mastering competencies in family therapy: A practical approach to theories and clinical case documentations* (2nd ed.). Belmont, CA: Brooks/Cole.

Goffman, E. (1961). *Asylums: Essays on the social situation of the mental patient and other inmates.* New York: Doubleday.

Goffman, E. (1963). *Notes on the management of spoiled identity*. NY: Simon & Schuster.

Gordon, K. C., Baucom, D. H., & Snyder, D. K. (2004). An integrative intervention for promoting recovery from extramarital affairs. *Journal of Marital and Family Therapy, 30*, 213–232. doi:10.1111/j.1752-0606.2004.tb01235.x

Hare-Mustin, R. T. (1994). Discourses in the mirrored room: A postmodern analysis of therapy. *Family process, 33*(1), 19–35.

Hill, C. E. (2012). Shopping Around for Theories for Counseling Psychology Practice: Reaction. *The Counseling Psychologist, 40*(7): 1061–1069.

Hyvärinen, M. (2010). Revisiting the narrative turns. *Life Writing, 7*(1), 69–82.

Kelly, G. A. (1955). *The psychology of personal constructs*: Vol 1 and 2. New York: WW Norton.

Kelley, P. (2004). 내러티브접근과 사회복지실천 (Narrative therapy and social work practice). (이선혜 역). F. Turner 편, 사회복지실천이론의 이해와 적용 (*Social work treatment*). (pp. 517–540). (연세사회복지실천연구회 옮김). 서울: 나남. (원저 1996년 4판 출간).

Kogan, S. M., & Gale, J. E. (1997). Decentering therapy: Textual analysis of a narrative therapy session. *Family process, 36*(2), 101–126.

Lee, S. H. (2014). Narrative therapy: Korea's turn to new possibilities in health and human services. 한국가족치료학회지, 22(5), 465–479.

Mann, S., & Russell, M. (2004. 5.). Narrative Therapy. 한림대학교 사회복지대학원 워크숍 자료집.

McKeen, G. (2011). *Mental health and well-being in postsecondary education settings: A literature and environmental scan to support planning and action in Canada*. CACUSS pre-conference workshop on mental health.

Miller, J. B., Jordan, J., Stiver, I., Walker, M., Surrey, J., & Eldrige, N. (2004). Therapist's Authenticity. In Jordan, J., Walker, M., & Hartling,

L. (Eds.), *The complexity of connection* (pp. 64-89). New York: The Guilford Press.

Morgan, A. & Mann, S. (2004). Narrative therapy. 제50회 한림대 사회복지 대학원 워크숍 자료집.

Morgan A. (2003). 이야기치료란 무엇인가 (*What is narrative therapy*). (고미영 역). 서울: 청목출판사. (원저 1999년 출간).

Murdock, N. L., Duan, C. & Nilsson, J. E. (2012). Emerging approaches to counseling intervention: Theory, research, practice, and training. *The Counseling Psychologist, 40*(7): 966-975.

Myerhoff, B. (1986). Life not death in Venice. In V. W. Turner & F. M. Bruner (Eds.), *The anthropology of experience*. Chicago: University of Illinois Press.

Nichols, M. P., & Schwartz, R. C. (2004). 가족치료: 핵심개념과 실제적용. (김영애, 김정택, 심혜숙, 정석환, 제석봉 공역). 서울: 시그마프레스. (원저 2002년 출간).

Nylund, D., & Thomas, J. (1994). The economics of narrative. *Family Therapy Networker, 18*(6), 38-39.

O'Hanlon, W. H., & Weiner-Davis, M. (1989). In Search of Solutions: Creating a Context for Change.

O'Leary, V. E. (1998). Strength in the face of adversity: Individual and social thriving. *Journal of Social Issues, 54*(2), 425-446. doi:10.1111/0022-4537.751998075

Omer, H. (1991). Writing a post-scriptum to a badly ended therapy. *Psychotherapy, 28*, 483-492.

Payne, M. (2006). *Narrative therapy*. Sage.

Pearson, L. (1965). *Written communications in psychotherapy*. Springfield, IL: Charles C. Thomas.

Penn, P. (1998). Rape flashbacks: Constructing a new narrative. *Family Process, 37*(3), 299-310.

Pennebaker, J. W., & Evans, J. F. (2014). *Expressive writing: Words that heal*. Enumclaw, WA: Idyl Arbor Inc.

Reiter, M. D. (2016). 가족치료 사례개념화 (*Case conceptualization in family therapy*). (정혜정 역). 서울: 학지사. (원저 2014년 출간).

Ricoeur, P. (1984). *Time and narrative*. Chicago: University of Chicago Press.

Ridley, C. R., & Mollen, D. (2012). An examination of newness in emerging approaches to counseling intervention. *The Counseling Psychologist, 40*(7): 1070−1077.

Robb, C. (2006). *This Changes Everything: The Relational Revolution in Psychology*. New York: Picador.

Rogers, C. R. (1961). *On becoming a person: A therapist's view of psychotherapy*. Boston, MA: Houghton Mifflin.

Russell, S., & Carey, M. (2004). Re−membering: Responding to commonly asked questions. In *Narrative therapy: Responding to your questions* (pp 1−18). Adelaide: Dulwich Centre Publications.

Sartre, J. P. (1964). *The Words*. New York: Braziller.

Selvini Palazzoli, M., Boscolo, L., Cecchin, G., & Prata, G. (1978). *Paradox and counterparadox*. New York: Jason Aronson.

Sheehan, M. (1997). Adolescent violence—Strategies, outcomes and dilemmas in working with young people and their families. *Australian and New Zealand Journal of Family Therapy, 18*(2), 80−90.

Sherman, E. A., & Reid, W. J. (2003). 사회복지 질적연구방법의 이론과 활용 (Qualitative research in social work). (유태균, 이선혜, 서진환 공역). 서울: 나남. (원저 1994년 출간)

Thomas. L. (2004). Poststructuralism and therapy − What's it all about? In S. Russell & M. Carey (Eds.). *Narrative therapy: Responding to your questions*. Adelaide, South Australia: Dulwich Centre Publications.

Tomm, C. (1993). The courage to protest: A commentary on Michael White's work. In S. Gilligan & Price (Eds.), *Therapeutic conversations* (pp. 62−80). New York, NY: Norton.

Travis, J.W. & Callander, M.G. (1990). *Wellness for helping professional creating compassionate cultures*. Ashville, NC: Wellness Associates

Publications.

Trepper, T.S., McCollum, E. E., De Jong, P., Korman, H., Gingerich, W., & Franklin, C. (2010). *Solution focused therapy treatment manual for working with individuals.* SFBTA: Research Committee of the Solution Focused Brief Therapy Association. Retrieved from http://www.sfbta.org/researchDownloads.html

Tubman, J. G., Montgomery, M. J., & Wagner, E. E. (2001). Letter writing as a tool to increase client motivation to change: Application to an inpatient crisis unit. *Journal of Mental Health Counseling, 23,* 295–311.

Weingarten, K. (1991). The discourse of intimacy: Adding social constructionist and feminist view. *Family Process, 30,* 285–305.

White, C. (2011. 3. 26.). 이메일 서신.

White, M. (1984). Pseudo-encopresis: From avalanche to victory, From vicious to virtuous cycles. *Journal of Family Systems Medicine, 2*(2), 150–160.

White, M. (1995a). The narrative perspective in therapy. In *Reauthoring lives: Interviews and essays* (pp. 11–40). Adelaide: Dulwich Centre Publications.

White, M. (1995b). Reflecting teamwork as definitional ceremony. In *Reauthoring lives: Interviews and essays* (pp. 172–198). Adelaide: Dulwich Centre Publications.

White, M. (1995c). Therapeutic documents revisited. In *Reauthoring lives: Interviews and essays* (pp. 199–213). Adelaide: Dulwich Centre Publications.

White, M. (1997a). Professional discourses. In *narratives of therapists' lives* (pp. 119–124). Adelaide: Dulwich Centre Publications.

White, M. (1997b). Re-membering, definitional ceremony. In *Narratives of therapists' lives* (pp. 22–52, pp. 93–116). Adelaide: Dulwich Centre Publications.

White, M. (1998). Some notes by Michael White. In C. White & D.

Denborough (Eds.), *Introducing narrative therapy: A collection of practice-based papers*. Adelaide, South Australia: Dulwich Centre Publications.

White, M. (2001a). The narrative metaphor in family therapy: An interview with Michael White. In D. Denborough (Ed.), *Family therapy: Exploring the field's past, present & possible futures* (pp. 131-138). Adelaide: Dulwich Centre Publications.

White, M. (2001b). 이야기치료. 한림대학교 사회복지대학원 제31회 워크숍 자료집.

White, M. (2004). Narrative Therapy: Mapping narrative therapy. 한림대학교 사회복지 대학원 제48회 워크숍 자료집.

White, M. (2012). 이야기치료의 지도 (이선혜, 허남순, 정슬기 공역). 서울: 학지사. (원저 2007년 출간).

White, M., & Epston, D. (1990). *Narrative means to therapeutic ends*. New York: W. W. Norton.

Wittgenstein, L. (1965). *Philosophical Investigations*. New York: The Macmillan Company.

[참고사이트]

철학의 기초 https://www.philosophybasics.com/movements_poststructuralism.html.

내러티브상담 19가지 기법 https://positivepsychology.com/narrative-therapy/.

찾아보기

[인명]

[내용]

저자 소개

이선혜(Lee, Sun Hae)

미국 Portland State University(임상사회사업 석사)
미국 University of California at Berkeley(사회복지 박사)
(사)한국가족치료학회 부부가족상담 슈퍼바이저
(사)한국상담학회 1급 전문상담사(부부가족상담 전문영역 수련감독)
한국이야기치료학회 내러티브상담사(전문가)
현 중앙대학교 사회복지학과 교수

상담 및 심리치료 이론 시리즈 12
이야기치료
Narrative Therapy

2020년 8월 10일 1판 1쇄 발행
2023년 3월 20일 1판 2쇄 발행

지은이 • 이 선 혜
펴낸이 • 김 진 환
펴낸곳 • (주)**학지사**

04031 서울특별시 마포구 양화로 15길 20 마인드월드빌딩 5층
대표전화 • 02) 330-5114   팩스 • 02) 324-2345
등록번호 • 제313-2006-000265호
홈페이지 • http://www.hakjisa.co.kr
페이스북 • https://www.facebook.com/hakjisabook

ISBN 978-89-997-2143-4 93180

정가 **14,000원**

출판미디어기업 **학지사**

간호보건의학출판 **학지사메디컬** www.hakjisamd.co.kr
심리검사연구소 **인싸이트** www.inpsyt.co.kr
학술논문서비스 **뉴논문** www.newnonmun.com
원격교육연수원 **카운피아** www.counpia.com